Gestão e
planejamento
 de marketing

Central de Qualidade — FGV Management
ouvidoria@fgv.br

SÉRIE GESTÃO ESTRATÉGICA E ECONÔMICA DE NEGÓCIOS

Gestão e planejamento de marketing

Ricardo Franco Teixeira
Fernando Roberto Santini
Luis Henrique Moreira Gullaci
Miguel Lima

ISBN — 978-85-225-1238-6
Copyright © Ricardo Franco Teixeira, Fernando Roberto Santini, Luiz Henrique
Moreira Gullaci, Miguel Lima

Direitos desta edição reservados à
EDITORA FGV
Rua Jornalista Orlando Dantas, 37
22231-010 — Rio de Janeiro, RJ — Brasil
Tels.: 0800-021-7777 — 21-3799-4427
Fax: 21-3799-4430
editora@fgv.br — pedidoseditora@fgv.br
www.fgv.br/editora

Impresso no Brasil/*Printed in Brazil*

Todos os direitos reservados. A reprodução não autorizada desta publicação, no todo
ou em parte, constitui violação do copyright (Lei nº 9.610/98).

Os conceitos emitidos neste livro são de inteira responsabilidade dos autores.

1ª edição — 2012

Preparação de originais: Sandra Frank
Editoração eletrônica: FA Studio
Revisão: Fernanda Villa Nova de Mello e Fatima Caroni
Capa: aspecto:design
Ilustração de capa: André Bethlem

Teixeira, Ricardo Franco.
        Gestão e planejamento de marketing / Ricardo Franco
Teixeira... [et al.]. — Rio de Janeiro : Editora FGV, 2012.
        180 p. — (Gestão estratégica e econômica de negócios
(FGV Management))

        Em colaboração com Fernando Roberto Santini, Luiz Henrique
Moreira Gullaci, Miguel Lima.
        Publicações FGV Management.
        Inclui bibliografia.
        ISBN: 978-85-225-1238-6

        1. Marketing. 2. Marketing — Administração. 3. Planejamento
estratégico. I. Santini, Fernando Roberto. II. Gullaci, Luiz Henrique
Moreira. III. Lima, Miguel. IV. FGV Management. V. Fundação Getulio
Vargas. VI. Título. VII. Série.

CDD — 658.8

*Ao nossos alunos e aos nossos colegas docentes,
que nos levam a pensar e a repensar as nossas práticas.*

Sumário

Apresentação 11

Introdução 15

1 | A gestão de marketing como ferramenta competitiva 17

O marketing na gestão empresarial 17

Origem, evolução e conceitos fundamentais do marketing 19

Tipos de marketing 23

O marketing como diretriz empresarial 26

O profissional de marketing 29

Mercados, clientes e consumidores 29

A internet e o novo mercado 31

Redes sociais 31

Sistema de informação de marketing 35

Pesquisa de marketing 37

Comportamento do consumidor 45

Segmentação e definição do mercado-alvo 48

Posicionamento 53

2 | Desenvolvimento de uma proposta de valor 59

Natureza e estrutura de valor para o cliente 59

Desenvolvimento do marketing mix 64

Produto 65

Preço 70

Praça, ponto de venda ou canais de distribuição 78

Tipos de distribuição 86

Promoção 87

Below the line 92

3 | Ações integradas de marketing e vendas 97

Marketing e vendas 97

Integração entre marketing e vendas 101

Marca 106

Métricas de marketing 112

Esforço promocional 120

Serviços 122

4 | O planejamento de marketing 131

Check-list básica 131

Estratégia 133

Planejamento 133

Planejamento estratégico 135

Plano de negócios 136

Administração estratégica ou gestão estratégica   136

Planejamento estratégico de marketing   138

Plano de marketing   139

Construindo o plano de marketing   144

Conclusão   169

Referências   171

Os autores   177

Apresentação

Este livro compõe as Publicações FGV Management, programa de educação continuada da Fundação Getulio Vargas (FGV).

A FGV é uma instituição de direito privado, com mais de meio século de existência, gerando conhecimento por meio da pesquisa, transmitindo informações e formando habilidades por meio da educação, prestando assistência técnica às organizações e contribuindo para um Brasil sustentável e competitivo no cenário internacional.

A estrutura acadêmica da FGV é composta por nove escolas e institutos, a saber: Escola Brasileira de Administração Pública e de Empresas (Ebape), dirigida pelo professor Flavio Carvalho de Vasconcelos; Escola de Administração de Empresas de São Paulo (Eaesp), dirigida pela professora Maria Tereza Leme Fleury; Escola de Pós-Graduação em Economia (EPGE), dirigida pelo professor Rubens Penha Cysne; Centro de Pesquisa e Documentação de História Contemporânea do Brasil (Cpdoc), dirigido pelo professor Celso Castro; Escola de Direito de São Paulo (Direito GV), dirigida pelo professor

Oscar Vilhena Vieira; Escola de Direito do Rio de Janeiro (Direito Rio), dirigida pelo professor Joaquim Falcão; Escola de Economia de São Paulo (Eesp), dirigida pelo professor Yoshiaki Nakano; Instituto Brasileiro de Economia (Ibre), dirigido pelo professor Luiz Guilherme Schymura de Oliveira; e Escola de Matemática Aplicada (Emap), dirigida pela professora Maria Izabel Tavares Gramacho. São diversas unidades com a marca FGV, trabalhando com a mesma filosofia: gerar e disseminar o conhecimento pelo país.

Dentro de suas áreas específicas de conhecimento, cada escola é responsável pela criação e elaboração dos cursos oferecidos pelo Instituto de Desenvolvimento Educacional (IDE), criado em 2003, com o objetivo de coordenar e gerenciar uma rede de distribuição única para os produtos e serviços educacionais produzidos pela FGV, por meio de suas escolas. Dirigido pelo professor Clovis de Faro e contando com a direção acadêmica do professor Carlos Osmar Bertero, o IDE engloba o programa FGV Management e sua rede conveniada, distribuída em todo o país (ver www.fgv.br/fgvmanagement), o programa de ensino a distância FGV Online (ver www.fgv.br/fgvonline), a Central de Qualidade e Inteligência de Negócios e o Programa de Cursos In Company. Por meio de seus programas, o IDE desenvolve soluções em educação presencial e a distância e em treinamento corporativo customizado, prestando apoio efetivo à rede FGV, de acordo com os padrões de excelência da instituição.

Este livro representa mais um esforço da FGV em socializar seu aprendizado e suas conquistas. Ele é escrito por professores do FGV Management, profissionais de reconhecida competência acadêmica e prática, o que torna possível atender às demandas do mercado, tendo como suporte sólida fundamentação teórica.

A FGV espera, com mais essa iniciativa, oferecer a estudantes, gestores, técnicos e a todos aqueles que têm internalizado o conceito de educação continuada, tão relevante na era do conhecimento na qual se vive, insumos que, agregados às suas práticas, possam contribuir para sua especialização, atualização e aperfeiçoamento.

Clovis de Faro
Diretor do Instituto de Desenvolvimento Educacional

Ricardo Spinelli de Carvalho
Diretor Executivo do FGV Management

Sylvia Constant Vergara
Coordenadora das Publicações FGV Management

Introdução

O objetivo deste livro é ajudar você, leitor, a compreender as atividades de marketing na organização, seja ela privada, pública ou não governamental, por meio do plano integrado de marketing. Partimos do pressuposto que só se consegue atingir o sucesso empresarial entendendo e atendendo ao consumidor, suas necessidades e desejos. Nós, autores, ao escrevermos esta obra, tínhamos em nossas mentes a ideia de aperfeiçoar o processo de aprendizado sobre plano integrado de marketing. No momento em que a competitividade e a inovação neste país vêm crescendo e suas potencialidades de desenvolvimento tornam-se evidentes, a sociedade civil brasileira está cada vez mais ativa, opinando sobre as decisões políticas internas e externas que alavanquem o crescimento do país.

A cultura do empreendedorismo e do intraempreendedorismo vem ganhando espaço em nossa sociedade. O aumento do poder aquisitivo de todas as classes sociais, e em especial das classes C e D, tem proporcionado muitas oportunidades para aqueles que desejam crescer, atendendo a um número cada vez maior de clientes e consumidores ávidos por ofertas adequadas às suas necessidades. Adotar o marketing como filosofia de gestão empresarial é, portanto, a melhor escolha que o gestor pode fazer. Este livro possivelmente ajudará aqueles que desejam trilhar este instigante caminho.

O livro está estruturado em quatro capítulos. O primeiro descreve a gestão de marketing como ferramenta competitiva. O segundo disserta sobre o desenvolvimento de uma proposta de valor. O terceiro explana as ações integradas de marketing e vendas. E o último capítulo apresenta o roteiro do planejamento de marketing e da construção de um plano de marketing.

Boa leitura.

1

A gestão de marketing como ferramenta competitiva

Caro leitor, neste capítulo esperamos contribuir para que você seja capaz de compreender o que é marketing e quais suas atividades na organização, identificar o marketing como ferramenta de gestão, descobrir oportunidades de mercado, compreender as fases do processo de decisão de compra do consumidor, conhecer a lógica da realização de uma pesquisa de marketing e seu processo de construção.

Na atual conjuntura, todo profissional, seja ele da área de marketing ou não, precisa conhecer os mercados nos quais atuará, distinguindo consumidores e clientes. A partir dos sistemas de informação de marketing, deve estudar o comportamento do consumidor e procurar desenvolver uma proposta de valor que desperte o interesse do público-alvo da organização. Vamos começar?

O marketing na gestão empresarial

A cada dia é mais notória a presença do marketing nas decisões empresariais e, principalmente, na participação da formulação estratégica das organizações. Com o avanço da tecnologia e o aumento das necessidades humanas, passamos a viver num ambiente dinâmico e complexo, em constante evolução e mutação, que gera inúmeras incertezas quanto ao futuro, no que se refere a eventos econômicos, políticos, sociais e tecnológicos. Pela constante adaptação dos seus conceitos ao ambiente, o marketing torna-se fascinante.

Hooley, Piercy e Nicoulaud (2011:5) definem marketing da seguinte forma:

> O marketing é a função organizacional e um conjunto de processos para criar, comunicar e entregar valor aos clientes e para administrar as relações com clientes de maneiras que beneficiem a organização e seus *stakeholders*.

Assim, cabe ao marketing entender, adaptar e criar modelos que aumentem sua eficácia sobre as principais questões que fazem parte da sua área de atuação, quais sejam: crescimento de vendas e de participação de mercado, retenção de clientes, desenvolvimento da consciência da marca, aumento das intenções de compra, conquista de novos clientes e desenvolvimento de novos produtos e serviços.

Nas últimas décadas, a tecnologia e a inovação vêm sendo importantes aliadas na gestão do marketing, quer no desenvolvimento de novos produtos, quer na atualização de antigos, quer na oferta de propostas diferentes de atendimento a clientes e mercados. Veja, na figura 1, que, quanto mais avançada a tecnologia empregada em uma inovação, menor o horizonte temporal da aceitação dos novos produtos.

É preciso, portanto, atuar continuamente com foco no desenvolvimento de uma oferta tecnologicamente inovadora, a fim de obter sucesso empresarial continuado.

Figura 1
VELOCIDADE DA INOVAÇÃO

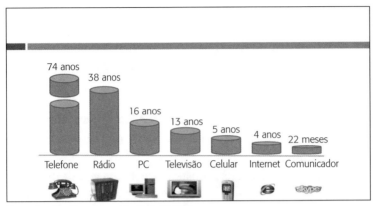

Fonte: Brazilian Management Institute (2011).

Origem, evolução e conceitos fundamentais do marketing

Marketing é uma palavra de origem anglo-saxônica, derivada do termo latino *mercari*, que significa comércio, ato de mercar, comercializar ou transacionar. Vamos ver alguns conceitos, desenvolvidos por diferentes autores, que lhe permitirão formar um juízo de valor próprio sobre o assunto.

Ajzental (2010:7) nos informa que a primeira vez que se teve registro científico da palavra "marketing" no mundo foi nos Estados Unidos, em 1902, com a junção da palavra *market* (mercado) com a terminação do gerúndio na língua inglesa *ing*, que caracteriza movimento permanente. Então, a tradução simples e pura da expressão *marketing* pode ser *mercado em movimento* ou *ação exercida no mercado*.

Em relação aos outros campos do saber, como filosofia, direito, economia, física e matemática, o marketing é um campo novo de conhecimento. Segundo Sheth e colaboradores (1988), os primeiros estudos sobre a origem das atividades mercadológicas nas organizações foram desenvolvidos no início do século passado, com o surgimento da escola commodity, primeira escola de pensamento de marketing, que dá ênfase maior às transações e vendas de objetos.

Desde então, e ao longo de todo o século XX, surgiram 11 outras escolas de pensamento do marketing, como parte de um movimento evolutivo natural dessa área de conhecimento. São elas:

- a funcional, que teve foco nas atividades necessárias para executar as transações e nas interações entre fornecedores e compradores;
- a institucional, baseada no sistema de produção e de distribuição, propiciou expressiva redução de custo pela eliminação de operações entre fornecedores e consumidores;
- a regional, que explorou intensamente as relações entre a atividade econômica e o espaço físico, usando dados e fórmulas matemáticas, visando estruturar melhor os canais de distribuição;
- a funcionalista, que se baseou na existência de um sistema de comportamento organizado formado pelas entidades que operam no ambiente de marketing e em um mercado heterogêneo, em que a necessidade de cada indivíduo é sempre um pouco diferente daquela de outro;
- a administrativa, que tratou de estabelecer a ligação entre teorias abstratas sobre marketing em ações gerenciais, tendo possibilitado a aplicação empresarial de conceitos como marketing mix e segmentação de mercado;
- a do comportamento do consumidor, baseada no estudo profundo do comportamento deste, valendo-se também de informações demográficas para saber quem são e quantos são os indivíduos;
- a da dinâmica organizacional, que busca ajustar a eficácia dos canais de distribuição, incluindo fabricantes, atacadistas e varejistas, visando proporcionar bem-estar ao consumidor;

- a do macromarketing, que trata da função e do impacto na sociedade das diversas atividades de marketing;
- a sistêmica, que prega que o marketing deve ser considerado um sistema em que produção, comercialização e consumo podem ser organizados visando à resolução de problemas;
- a de trocas sociais, que entende que vendedores e consumidores são igualmente importantes, pois os dois grupos buscam satisfazer necessidades e desejos por meio da troca ou transação;
- a dos ativistas, que a partir de pesquisas empíricas e de pensamento conceitual busca o bem-estar e a satisfação do consumidor, entendendo que existe desequilíbrio de força entre compradores e vendedores.

Posteriormente, e como consequência da evolução contínua do marketing, surgiram os conceitos de marketing de relacionamento, que visa satisfazer e reter o cliente, e de cybermarketing, que é a evolução do marketing de relacionamento e atua fortemente junto aos clientes, utilizando plataformas tecnológicas que permitem contato direto e personalizado, com rapidez e comodidade. Por fim, surge o marketing experiencial, cujo foco está nas sensações e experiências, de diversas naturezas, que produtos e serviços podem proporcionar a clientes.

O marketing procura entender as necessidades e desejos de um público-alvo definido e atendê-las. Isso vale tanto para indivíduos quanto para organizações, com as devidas adaptações do conceito. Diferentemente do que alguns imaginam, o marketing não cria necessidades. Ele utiliza técnicas no sentido de estimular o mercado a decidir consumir, "pois sua função numa economia de mercado é orientar a troca e a comunicação entre os vendedores e compradores, a fim de assegurar um encontro eficiente entre a oferta e a procura", conforme explica Lambin (2000:31).

Dois outros autores, Churchill Jr. e Peter (2010:4), dizem que "a essência do marketing é o desenvolvimento de trocas em que organizações e clientes participam voluntariamente de transações destinadas a trazer benefícios para ambos". Concorda, leitor, que é um conceito instigante?

Em outubro de 2007, a American Marketing Association (AMA) redefiniu marketing como "a atividade, um conjunto de instituições e processos para criar, comunicar, entregar e trocar ofertas que têm valor para os clientes, parceiros e sociedade em geral".[1]

Essa é uma boa definição, fruto da evolução do conceito. Mas você provavelmente percebeu que todas as outras, até aqui apresentadas, indicam direções convergentes e podem ser utilizadas, desde que se tenha pelo menos uma parte, seja um indivíduo ou uma organização, com necessidades ou desejos não satisfeitos, outra parte com capacidade de satisfazer essas necessidades ou desejos, um meio que permita a comunicação entre as partes e algo a ser trocado.

Observa-se que o marketing está em constante evolução, desde seu surgimento. Além das escolas citadas por Sheth et al. (1988), outros autores adotam diferentes formas de estudar os períodos evolutivos. Cobra (2002:28) apresenta quatro fases, também denominadas eras, que podem ser destacadas na história do marketing: produção (até 1925), período no qual a orientação dos negócios se concentra na eficiência da fabricação; vendas (de 1925 a 1950), em que a filosofia de negócios teve o foco voltado para a venda dos produtos existentes; mercado (a partir da II Guerra Mundial), quando o foco dos negócios passou a se concentrar nas necessidades e nos desejos do público-alvo; marketing digital (época da internet e do comércio eletrônico),

---

[1] Disponível em: <www.marketingpower.com/AboutAMA/Pages/DefinitionofMarketing.aspx>. Acesso em: 25 jul. 2012.

quando a filosofia de negócios se concentra na mudança dos hábitos e compra através do ambiente virtual.

Tipos de marketing

Você sabia que, assim como houve várias eras, há também vários tipos de marketing que podem ser adotados? Descrevemos, a seguir, as características principais de alguns deles, segundo Churchill Jr. e Peter (2010:10):

❑ marketing de produto – "usado a fim de criar trocas para produtos tangíveis", como geladeiras *frost free* da Cônsul, motocicletas da Honda, iates da Intermarine ou canetas Bic;

❑ marketing de serviços – "adotado a fim de criar trocas para atividades intangíveis", como tratamentos capilares e faciais do Soho Hair, do Jacques Janine ou do Werner Coiffeur; hospedagem em hotéis da rede Accor; atendimentos em hospitais como o Sarah Kubitscheck, Albert Einstein ou Sírio Libanês. As atividades podem estar necessariamente, ou não, ligadas a produtos físicos;

❑ marketing pessoal – "utilizado para criar imagens e comportamentos favoráveis em relação a pessoas, como políticos". Por exemplo, os presidentes Dilma Rousseff e Barack Obama; "e artistas" como, por exemplo, Luan Santana, Caetano Veloso, Paola de Oliveira, entre outros;

❑ marketing de lugares – "voltado a atrair pessoas para lugares", por exemplo: países, entre os quais se destacam a Espanha, a França e os Estados Unidos; "estados", entre os quais podemos citar o bom trabalho desenvolvido pelo Rio de Janeiro, Paraná, Rio Grande do Norte e pela Bahia; "parques nacionais", como o Parque Nacional dos Lençóis Maranhenses, Abrolhos, Chapada Diamantina, Jericoacoara e Pantanal mato-grossense; "e parques de diversão", como Beto Carreiro World, Hopi Hari, Playcenter e Beach Park, entre outros;

❑ marketing de causas – "destinado a criar apoio para causas ou comportamentos socialmente desejáveis". O Rotary International, por exemplo, desenvolve uma campanha mundial para erradicação da poliomielite. A Cruz Vermelha é lembrada por todos quando se trata de ações de socorro emergencial. As Obras Sociais Irmã Dulce (Osid) e a Legião da Boa Vontade (LBV) desenvolvem ações de atendimento aos mais necessitados. Para obter apoio, essas entidades desenvolvem ações de marketing;

❑ marketing de organizações – "praticado quando se deseja atrair doadores, membros, participantes e voluntários para organizações", como associações de ex-alunos de faculdades, câmaras de comércio e associações comerciais.

As ações de qualquer dos tipos de marketing anteriormente citados são geralmente baseadas no modelo do composto de marketing, também denominado marketing mix e conhecido corriqueiramente como o modelo dos 4 Ps. O assunto será abordado também no capítulo 2, mas vale a pena fazer uma breve introdução. O primeiro dos Ps trata do produto ou serviço; o segundo está diretamente relacionado a aspectos de preço; o terceiro trata de logística e distribuição, também referidas como praça ou ponto de venda; e o quarto refere-se às promoções. Alguns autores modificam levemente a nomenclatura, sem perda da essência da teoria.

O termo marketing mix, ou composto de marketing, foi usado pela primeira vez em 1948, por James Culliton. Teve novo destaque por volta de 1953, nos manuscritos do professor Neil Borden, da Harvard Business School. Segundo Basta (2010:33), foi aprimorado em 1960 pelo professor Jerome McCarthy, da Universidade de Michigan.

Ao longo dos anos foram criados outros modelos a partir do composto de marketing. Em 1970, Raimar Richers desenvolveu o modelo dos 4 As: análise, adaptação, ativação e avaliação. Em 1981, Booms & Bitner apresentaram seu modelo dos 7 Ps: produto, preço, promoção, praça, evidências físicas, processo e pessoas. Já em 1990, Robert Lauterborn começou a trabalhar com o modelo dos 4 Cs: cliente, conveniência, custo e comunicação. Todos os modelos são importantes e têm aplicabilidade indicada, a depender do tipo de trabalho que se pretende desenvolver.

Neste livro, focaremos apenas o modelo do marketing mix desenvolvido por McCarthy e Perreault Jr. (1997). Veja, a seguir, uma livre descrição dos quatro elementos do composto de marketing:

❑ produto – algo oferecido ao mercado para aquisição, uso ou consumo e que satisfaça necessidades e desejos. Fazem parte do produto os atributos, os benefícios, o design, a embalagem, o rótulo e a marca, entre outros aspectos;

❑ preço – a quantidade de dinheiro, ou outros recursos, que as empresas cobram por suas ofertas. Linhas de financiamento, prazo e condições de pagamento, bem como descontos, são considerados no preço;

❑ praça – os meios pelos quais os produtos e serviços são entregues aos mercados ou disponibilizados para intercâmbios. Armazenamento, cobertura geográfica, canais de distribuição, estoque, exposição ao mercado, tipos e níveis de intermediários, transporte, entre outros aspectos, devem ser considerados;

❑ promoção (comunicação) – como as empresas informam, estimulam e lembram os clientes sobre seus produtos e serviços. Inclui propaganda, publicidade, relações públicas, trade marketing e outras ferramentas de incentivo de curto prazo.

É por meio da correta utilização do composto de marketing que as empresas conseguem alcançar o sucesso mercadológico. Portanto, ter o marketing como base das estratégias empresariais pode ser uma escolha sensata.

O marketing como diretriz empresarial

Estarão as ações de marketing restritas ao departamento ou área específica que trata do assunto? A resposta é não, caro leitor. Embora as responsabilidades do setor de marketing sejam muito claras, a empresa toda deve estar voltada para o mercado, entendendo que o cliente é a razão da sua existência. Segundo Costa (2003:60), os objetivos do marketing são:

- ❑ levar o consumidor a desejar o que a empresa tem, e esta a ter um consumidor satisfeito;
- ❑ fazer com que a empresa aprenda a usar a força de vendas com eficiência (melhor uso dos meios e processos), eficácia (atingir o objetivo) e efetividade (velocidade de resposta);
- ❑ buscar equilibrar as forças externas (ambientes) com as forças internas da empresa;
- ❑ constituir-se nos olhos e ouvidos da empresa para o mundo, que muda constantemente;
- ❑ recomendar o que deve ser produzido para venda;
- ❑ procurar criatividade (inovação) para enfrentar a concorrência.

Para encararmos o marketing como uma diretriz empresarial, temos de considerar que a troca, objeto do marketing, sofre ação direta do ambiente econômico. Devemos entender a escassez e saber conduzir da melhor forma a oferta de bens dentro de uma sociedade. Na interface entre marketing e economia, devemos considerar a demanda. Só então podemos definir:

- o que produzir – O que nós iremos ofertar ao mercado? Que benefícios o cliente deverá perceber em nossa oferta?
- quanto e quando produzir – Qual demanda ao longo do ano, ou de um período qualquer, e suas sazonalidades? A relação entre produção e consumo se dará de que forma – monopolista, oligopolista, concorrência perfeita?
- como produzir – Que técnica ou tecnologia vamos usar para produzir? Essa variável é de grande importância hoje. Com os constantes avanços tecnológicos e da engenharia, possuir equipamentos atualizados, desenvolver processos eficientes e contar com um apoio de logística bem-desenvolvido é importantíssimo para o sucesso empresarial.
- para quem produzir – Qual será o público-alvo? Qual a renda, a classe social?

Hooley, Piercy e Nicoulaud (2011:380) nos sugerem alguns princípios imprescindíveis para uma organização entender as dinâmicas do mercado, princípios estes que ajudam a responder às perguntas apresentadas anteriormente:

- mudanças no ambiente de negócios:
  - mudanças de mercado;
  - mudanças organizacionais;
- fundamentos estratégicos de um mundo em transformação:
  - organização que aprende;
  - maior orientação para o mercado e foco na geração de valor superior ao cliente;
  - posicionamento construído com base na exploração de recursos, ativos e capacidades de marketing;
  - estabelecendo relacionamentos mais próximos com os principais clientes e grupos;
  - repensando o papel do marketing na organização;
- estratégias de posicionamento competitivo:
  - posicionamento e preço;

❑ posicionamento por qualidade;

❑ posicionamento por inovação;

❑ posicionamento por serviço.

❑ posicionamento por benefícios diferenciados

Partindo do princípio de que o marketing pode e deve ser adotado como diretriz empresarial, Hooley, Piercy e Nicoulaud (2011:33) indicam as possíveis decisões que uma empresa pode vir a adotar, sintetizando-as no quadro 1.

Quadro 1

INDICATIVO DE DECISÕES EMPRESARIAIS

Melhorar o desempenho	Aumentar as vendas	Expandir o mercado	❑ Novos usos
			❑ Novos usuários
			❑ Aumentar a frequência de uso
			❑ Novos produtos
		Aumentar a participação	❑ Ganhar participação
			❑ Adquirir participação
			❑ Criar alianças
	Melhorar a produtividade	Aumentar as margens	❑ Aumentar preço
			❑ Agregar valor
			❑ Mudar o composto de produto
		Reduzir os custos	❑ Custo de capital
			❑ Custos fixos
			❑ Custos variáveis

Fonte: Hooley, Piercy e Nicoulaud (2011:33).

Qualquer decisão que venha a ser tomada deve ser precedida de uma cuidadosa análise dos fatores ambientais. Para tanto, é preciso contar com funcionários preparados. Você sabe quais as habilidades requeridas de um profissional de marketing no mercado atual? Veja a seguir.

O profissional de marketing

Da mesma forma que o marketing evoluiu nas últimas décadas, o profissional de marketing também teve de se aperfeiçoar, em razão das novas exigências do ambiente empresarial. É comum no mercado confundir o profissional de marketing com o profissional de comunicação publicitária, e isso teve início na década de 1980. Esse equívoco ocorre pela dificuldade existente em delimitar claramente a área de atuação de cada um desses profissionais, quais sejam: o foco do marketing nos processos de trocas, e o trabalho específico de comunicação e imagem, na publicidade. Como a comunicação é mais visível, o mercado tende a referir-se à propaganda como englobando todas as ações de marketing.

Vale ressaltar, entretanto, que o papel do marketing nas empresas hoje ganha destaque cada vez maior. Kerin e Peterson (2007:11) afirmam que "os gerentes de marketing não atuam mais apenas na direção de operações cotidianas; eles também devem tomar decisões estratégicas". Como já indicamos anteriormente, o profissional de marketing deve estar familiarizado com macro e microeconomia, contabilidade de custos e métodos quantitativos para tomada de decisão. Deve ser criativo, visionário, corajoso, líder, comunicativo e despertar empatia. É essa a ideia que você faz dos profissionais de marketing que conhece, caro leitor? Há alguma quebra de paradigma nas características acima apresentadas? É possível que estejamos contribuindo para que você passe a entender melhor a complexidade e os desafios enfrentados diariamente por quem trabalha no desenvolvimento e na implantação de estratégias mercadológicas.

Mercados, clientes e consumidores

Segundo Magalhães (2006:375), mercado é

> um conjunto de pessoas, e instituições, com o poder de compra, autoridade e intenção de comprar. É uma demanda coletiva de

determinado produto ou serviço que pode ser atendida economicamente pelos produtores.

Por sua vez, Hooley, Piercy e Nicoulaud, (2011:44) ressaltam que mercados são "os clientes ligados por necessidades similares". Considerando as duas definições, podemos afirmar que mercados são pessoas e instituições com poder de compra, autoridade e intenção de comprar, ligadas por necessidades similares, que demandam determinado produto ou serviço, que pode ser oferecido pelos produtores.

Para nós, profissionais do marketing, interessa saber claramente em que mercados iremos atuar, suas condições econômicas, políticas, sociais e tecnológicas, para que possamos desenvolver os esforços necessários no sentido de atingir os objetivos e as metas da empresa.

Os mercados podem ser de quatro tipos:

❏ *business to consumer* – conhecido como varejo, é a comercialização entre empresa (produtora, atacadista ou varejista) e consumidor final;
❏ *business to business* – é a comercialização entre empresas;
❏ *business to government* – é a comercialização entre empresa (produtora, varejista ou atacadista) e governo;
❏ *business to web* – é a comercialização entre empresa (produtora, varejista ou atacadista) e o mercado no ambiente virtual.

Algumas empresas trabalham um único tipo de mercado. Outras trabalham mais de um. Não há um modelo padrão na busca por clientes. Sabemos, leitor, que a disputa pelo consumidor é dura. Os consumidores estão ficando mais educados, espertos, seletivos e difíceis de persuadir. Quer por seus produtos diferenciados, quer por seus serviços percebidos como superiores, quer por sua marca, algumas empresas se destacam e conseguem fugir da armadilha do preço. Mas, de maneira geral, as palavras de ordem hoje são: agilidade, flexibilidade e preços competitivos. Mas, cuidado. Como bem destaca Costa (2003:44), "operar com preços baixos pode ser perigoso". O preço é importante, mas não é tudo, como veremos no decorrer dos próximos capítulos.

A internet e o novo mercado

O profissional de marketing que não observar o crescimento da internet provavelmente estará fadado ao insucesso, pois a existência dela afeta todo o ambiente de marketing, desde fatores de ordem econômica, política, social e tecnológica até o comportamento da sociedade e, consequentemente, dos mercados.

Não há dúvida de que a internet já alterou e continuará alterando os processos estabelecidos de marketing, pois oferece novas possibilidades de desenvolvimento do composto de marketing e de utilização dos meios de comunicação, permite maior facilidade no estabelecimento de segmentos de mercado e induz um aumento de competitividade nos negócios.

Chamamos de comércio eletrônico, ou *e-commerce*, as atividades de negócios de empresas com fornecedores e consumidores, comprando e vendendo serviços e produtos, utilizando para tanto ferramentas de tecnologia da informação. O "*e-commerce* pode incluir todas as interações de uma empresa com fabricantes, intermediários, clientes e outros públicos que utilizam a internet para ajudar a trocar produtos", como explica Sandhusen (2010:483).

Redes sociais

Segundo Duarte e Frei (apud Duarte, Quandt e Souza, 2008:156), "uma rede social é uma estrutura social composta por pessoas ou organizações, conectadas por um ou vários tipos de relações, que partilham valores e objetivos comuns". Sua principal característica é a possibilidade de obtenção de relacionamentos sem hierarquia entre os participantes. São os chamados relacionamentos horizontais.

Parte da força das redes sociais está no fato de se fazerem e desfazerem rapidamente, caracterizando assim a forma de sua estrutura, que pode ser considerada uma não estrutura, pelo fato de ser horizontal (Duarte, Quandt e Souza, 2008).

Embora democrática e porosa, por ser uma ligação social a conexão entre os sujeitos que participam de uma rede se dá por meio de sua afinidade. Segundo Capra (apud Duarte, Quandt e Souza, 2008:21), "os limites das redes não são limites de separação, mas limites de identidade". E mais, "não é um limite físico, mas um limite de expectativas, de confiança e lealdade, o qual é permanentemente mantido e renegociado pela rede de comunicações".

Existem diferentes níveis de redes sociais. Podemos destacar as redes de relacionamento (Facebook, Orkut, MySpace, Twitter), redes profissionais (LinkedIn), redes comunitárias (redes de bairros ou cidades). As redes permitem analisar como as pessoas atingem seus objetivos, como as organizações operam, e mensurar o valor obtido pelas pessoas através de seu uso. Têm em comum o fato de permitir o compartilhamento de informações, interesses e opiniões. Elas fortalecem a democracia, como temos visto.

Para Lemieux e Mathieu (2008), na estrutura das redes sociais os atores sociais se caracterizam mais pelas suas relações do que pelos seus atributos (gênero, idade, classe social). Existe uma densidade variável nessas relações. A distância que separa dois atores pode ser maior ou menor, e alguns atores podem ocupar posições mais centrais que outros. Existem laços fortes e fracos, além dos denominados buracos estruturais, onde se encontram os atores que não podem se comunicar entre si a não ser por intermédio de um terceiro.

Segundo Pereira (2011), um instituto de pesquisa realizou um estudo em que o Brasil aparece como o país mais conectado em redes sociais, com a participação de até 86% dos usuários ativos.

Relembrando, foi no dia 5 de abril de 2005 que surgiu a primeira rede social em versão brasileira: o Orkut. Desde então, passamos a conviver com um número cada vez maior de redes, das gratuitas às pagas. Mudamos de rede conforme mudam nossas necessidades.

Segundo Pereira (2011), um estudo realizado pela empresa de pesquisas Forrester Research descreve as eras evolutivas das mídias sociais, ressaltando-se que não se trata de períodos delimitados, mas fases sobrepostas, ganhando ou perdendo intensidade com o passar dos anos. Veja em detalhes:

❑ era das relações sociais – conectar-se a outras e compartilhar. Início: 2005. Auge: 2005 a 2012;
❑ era da funcionalidade social – redes sociais tornam-se um sistema operacional. Início: 2007. Auge: 2007 a 2010;
❑ era de colonização social – agora, toda experiência pode ser compartilhada. Início: 2009. Auge: 2011;
❑ era do contexto social – o conteúdo é direto e personalizado. Início: 2010. Auge: 2012;
❑ era de comércio social – as comunidades consomem e ajudam a definir futuros produtos e serviços. Início: 2011. Auge: 2013 (Pereira, 2011, n. p.).

Pereira observa uma divisão, no Brasil, quanto ao comportamento no uso das mídias sociais, com base em fatores sociotecnológicos. A seguir, mostramos as etapas vivenciadas pelos usuários frente ao seu momento de vida, idade ou condição econômica:

- estágio 1: aproximação inclusiva – existe à disposição do usuário um grande número de possibilidades. Tudo é novidade. O que importa é ter um perfil lotado. A intenção é adicionar o maior número possível de pessoas e conversar com todos ao mesmo tempo. Fazer promoções utilizando banners pode ser uma boa ideia;
- estágio 2: exclusão do dispensável – nesse estágio, existe um conhecimento maior da rede pelo usuário, ele opera com mais confiança e segurança e seu relacionamento com os amigos se intensifica. Insere fotos, vídeos, jogos e aumenta sua atenção para as pessoas que participam de sua rede. A intenção de aumentar sua rede perde importância. Os relacionamentos são mais estáveis e não há preocupação em perder usuários. A intenção de ser popular ainda é marcante. Isso faz com que a qualidade do relacionamento "empresa *versus* consumidor" ainda seja baixa;
- estágio 3: inclusão seletiva – o conhecimento do usuário aumenta e ele domina plenamente os recursos. Não se conecta por qualquer motivo, não pensa em perder tempo. Mesmo que para divertir-se, cada passo na conexão tem um motivo claro. O que caracteriza sua vida digital é poder trocar informações, experiências, dar e receber opiniões. O usuário seleciona poucas pessoas para participar desse ambiente. Cada pessoa que compartilha esse espaço tem um objetivo, que pode ser social, afetivo ou profissional. Nesse nível, concretiza-se o relacionamento "empresa *versus* consumidor". As pessoas buscam se relacionar com as marcas e produtos de sua preferência. Perder seguidores que não contribuem passa a ser um favor.

Como bem sabemos, as redes sociais hoje são intensamente usadas pelas empresas e por profissionais liberais no desenvolvimento de ações de marketing. As estratégias têm mudado constantemente, devido aos avanços tecnológicos oferecidos pelos diversos sites. As possibilidades aumentam a cada dia. Qualquer indicação feita aqui, provavelmente, se tornaria obsoleta antes da publicação deste livro. Assim, leitor, sugerimos que você se dedique ao assunto, buscando desenvolver as melhores estratégias para sua empresa ou para sua profissão, usando as táticas mais eficazes que estiverem sendo disponibilizadas no momento em que estiver fazendo seu planejamento de marketing.

Sistema de informação de marketing

Conforme vimos no início deste livro, o objetivo do marketing é a troca. Para tanto, é preciso haver informação, que é a base do processo. Sem informação, é praticamente impossível querer elaborar um plano de ação de marketing ou tomar qualquer tipo de decisão. Quando falamos em inteligência de marketing, estamos nos referindo a um sistema que gera diferencial para a tomada de decisão. Um sistema de informação de marketing inclui um conjunto unificado de dados, métodos de análises quantitativas, modelagem matemática e estatística, juntamente com tecnologia da informação e recursos computacionais nos quais as informações possam ser armazenadas, classificadas, consolidadas e distribuídas, para que os executivos tomem decisões estratégicas. Ou ainda, é "um conjunto formal de procedimentos operacionais, usando uma variedade de recursos, para gerar e distribuir dados relevantes de mercado para uso em tomadas de decisões gerenciais" (Magalhães, 2006:390).

Segundo Laudon e Laudon (apud Santos, 2007), os sistemas de informações podem ser divididos em: sistemas de informações executivas ou *enterprise information system* (EIS), sistemas de informações gerenciais (SIG), sistemas de suporte a tomadas de decisões (SSTD), sistemas de suporte às transações operacionais (SSTO) e sistemas de suporte à tomada de decisão por grupo (SSTDG).

O conhecimento detido pelas organizações encontra-se, muitas vezes, disseminado por diversos sistemas de informações. Ao usufruir de um sistema de informação de marketing (SIM), o gestor pode aprimorar e remodelar os processos de decisão, representar e prover o conhecimento na organização, tirar partido do sempre crescente volume de dados colecionado pelo sistema transacional e, finalmente, tomar decisões mais informadas e racionais, como bem descreve Sandhusen (2010).

Um sistema de informação de marketing (SIM), que está representado na figura 2, é constituído por pessoas, equipamentos e procedimentos para coleta, classificação, análise, avaliação e distribuição de informações que, por sua vez, devem ser necessárias, precisas e atualizadas, sempre atendendo às necessidades dos responsáveis pelas tomadas de decisão de marketing.

Figura 2
O SISTEMA DE INFORMAÇÃO DE MARKETING

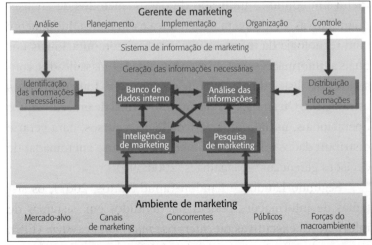

Fonte: Armstrong e Kotler (2007).

A obtenção de informações confiáveis e corretas é crítica para o sucesso de organizações voltadas para o mercado. Para os gestores de marketing, é fundamental ter um SIM no auxílio das decisões estratégicas e operacionais, pois ele

> monitora os resultados da empresa, monitora o ambiente externo, transmite e dissemina dados e informações externos e internos à empresa, pertinentes e relevantes para a tomada de decisões em marketing [Mattar, et al., 2009:100].

Pesquisa de marketing

A pesquisa tem como objetivo a coleta e a análise de dados importantes para uma tomada de decisão sobre as atividades de marketing. Para que se possa começar a elaborar uma pesquisa, deve-se ter um problema de pesquisa. Sem ele, não há como avançar no processo.

Um problema de pesquisa é uma declaração das informações necessárias para uma tomada de decisão. Vejamos um exemplo. Se você perguntar:"Vamos lançar um novo produto?", esse não será um problema de pesquisa, e sim um problema gerencial. Agora, se você perguntar: "Quais são as motivações intrínsecas que levam nossos consumidores a querer ter um novo produto em suas opções de escolha?", esse, sim, será um problema de pesquisa. Notou a diferença? O raciocínio não é de procura, e sim de descoberta. Esse é o sentido do problema de pesquisa.

> A pesquisa de marketing faz parte do sistema de informação de marketing da empresa e visa coletar dados pertinentes e transformá-los em informações que venham a ajudar os executivos de marketing na solução de problemas esporádicos que surgem durante o processo e administração de marketing e que não estão no SIM [Mattar e et al., 2009:107].

São muitos os autores que se dedicam a apresentar o processo de pesquisa. Entre eles, escolhemos o modelo de Kerin e colaboradores (2007:199) para apresentar os passos para uma pesquisa de marketing. Vamos a eles:

❑ passo 1: definir o problema – estabelecer os objetivos da pesquisa, identificar possíveis ações de marketing;

❑ passo 2: desenvolver o plano de pesquisa – especificar restrições, identificar dados necessários para as ações de marketing, determinar como coletar os dados;

❑ passo 3: coletar informações relevantes – dados secundários (dados internos e externos à empresa); dados primários (dados de observação e de questionários). Amostra probabilística: processo de amostragem em que cada elemento da população tem a probabilidade de ser incluído na amostra (amostragem simples, amostragem estratificada, amostragem sistemática, amostragem por agrupamento). Amostragem não probabilística: processo de amostragem que não utiliza seleção aleatória; acredita na boa conduta do pesquisador;

❑ passo 4: desenvolver descobertas – analisar os dados, apresentar as descobertas;

❑ passo 5: tomar decisões de marketing – fazer recomendações de ações, implementar as ações recomendadas, avaliar os resultados.

Parece simples, leitor? Mas não se engane! É um processo trabalhoso, complexo e que deve ser realizado por quem tem não apenas experiência na área, mas também idoneidade.

Atualmente, a pesquisa de marketing está buscando novas alternativas de investigação e técnicas para melhorar a decisão. Entre elas podemos destacar:

❑ *laddering* – técnica quantitativa e qualitativa para a identificação e medição dos valores pessoais relevantes aos consumidores quando tomam decisões de consumo;

❏ *coorte (cohort)* – conceito utilizado para compreender as diferenças entre gerações expostas a situações distintas, que moldam os valores de cada *coorte*. Pode ser usada como método de previsão ou de explicação de eventos passados;

❏ *brand content* – conjuga o entretenimento com uma marca em determinado formato de evento; cria e estimula laços entre as empresas e os consumidores, ativando a comunicação por meio do entretenimento;

❏ *product placement* – forma de inserir mensagens publicitárias sutilmente no conteúdo de programas de televisão, filmes, jogos, revistas, rádios e eventos, em vez de simplesmente as exibir como anúncios comerciais.

Roesch (2005:72) constrói uma linha de propósitos de resultados que permite optar pelo tipo de pesquisa mais adequado:

- ❏ aplicada – visa gerar soluções potenciais para os problemas humanos;
- ❏ de avaliação de resultados – busca avaliar a efetividade de um plano ou programa;
- ❏ de avaliação formativa – contribui no sentido de melhorar um programa ou um plano, acompanhando sua implementação;
- ❏ diagnóstica – pretende explorar o ambiente, levantar e definir problemas;
- ❏ de proposição de planos – destina-se a apresentar soluções para problemas já diagnosticados.

Tendo entendido o que é uma pesquisa de marketing, vamos agora tratar dos tipos de pesquisa entre os quais podemos escolher.

Tipos de pesquisa

A escolha do tipo de pesquisa se dará conforme a abordagem requerida pelo problema. As pesquisas qualitativas são não probabilísticas, pois não oferecem a possibilidade de quantificação nem de inquérito estatístico. Mas, por outro lado, permitem a obtenção de conteúdo crítico do tipo motivação, conceito, percepções e mudanças na percepção dos indivíduos com relação ao problema em questão. Já as pesquisas quantitativas são probabilísticas, incluem inquérito estatístico. Com elas podem-se mensurar ocorrências, características e o grau de avaliação dos pesquisados.

Conforme o delineamento, são três os tipos de pesquisa que você pode escolher:

❏ exploratória – permite levantar hipóteses alternativas e descobrir características e variáveis relevantes a partir das respostas abertas dos pesquisados. Possibilita conhecer melhor a imagem e a percepção que o público-alvo tem de determinado produto ou serviço. Fornece ideias, ou pontos de partida, para soluções de problemas relativamente vagos. Não permite avaliações estatísticas, pois as respostas são abertas. As entrevistas podem ser individuais ou em grupo. Trata-se de um tipo de pesquisa qualitativa;

❏ descritiva – indicada quando se quer conhecer estatisticamente hábitos de compra e de uso de produtos e serviços. Fornece uma fotografia dos hábitos de consumo de determinado mercado. Permite descobrir a frequência estatística com que algo ocorre, ou o relacionamento existente entre dois fatores. É uma pesquisa quantitativa e, portanto, permite o tratamento estatístico dos dados coletados;

❏ causal ou experimental – busca estabelecer relações de causa e efeito entre variáveis. Tenta determinar em que medida a mudança em um fator altera outro. Baseada em experimentação por parte de representantes do público-alvo, viabiliza conhecer antecipadamente os reflexos que a manipulação de determinada variável do mix de marketing terá sobre comportamentos futuros, por exemplo, intenção de compra. Pode-se conduzi-la de forma qualitativa ou quantitativa. É o tipo de pesquisa mais complexo e menos usado, pela dificuldade em comprovar a relação entre causa e efeito.

Passada esta fase de definição do propósito da pesquisa, é hora de fazer o levantamento de dados, que podem ser de duas naturezas: primária e secundária. Os dados primários são levantamentos feitos especificamente para, e de acordo com, os objetivos da pesquisa em questão. O pesquisador pode fazer o levantamento usando diferentes técnicas, entre as quais entrevista pessoal ou por telefone, questionário remetido pelo correio ou disponibilizado em um site na internet. Os dados secundários têm outros propósitos que não a pesquisa em questão, e já estão disponíveis quando do início do trabalho. Podem ter sido produzidos pela própria empresa, tais como dados de inteligência de marketing e registros contábeis, ou por outras instituições, como ministérios e secretarias governamentais, federações e associações empresariais, sindicatos, institutos de pesquisa, periódicos. São conhecidos como "dados de prateleira", geralmente têm custo bem mais baixo do que o dos dados primários e podem atender muito bem a determinadas necessidades.

Lembre-se, leitor: no mundo empresarial, a boa informação determina quem serão os vencedores. Portanto, pesquise sempre, pois as oportunidades surgem da descoberta de necessidades não satisfeitas ou da criação de novos modos ou meios para satisfazê-las. Ensinam Kerin e Peterson (2007:75) que "a análise de oportunidades concentra-se, portanto, na descoberta de mercados que uma organização pode atender de maneira lucrativa".

De forma simplista e de acordo com o que pregam Hooley, Piercy e Nicoulaud (2011:44), "o ambiente de marketing pode ser dividido em ambiente competitivo, incluindo a empresa, seus concorrentes diretos e clientes, e o macroambiente, o cenário social, político, tecnológico e econômico mais amplo no qual as organizações operam".

É fato que os desafios aos executivos de marketing são cada vez maiores, pois os mercados estão cada vez mais turbulentos, a competitividade está em nível muito elevado, as demandas dos clientes são crescentes e a equação de valor muda a cada dia, com a quebra constante de paradigmas.

Veja a seguir, leitor, um conjunto de afirmações de diversas épocas, organizadas por Marcial (2002:20-21), que demonstram a importância de estudar e entender a mutação do ambiente de marketing como forma de garantir a permanência e a sobrevivência das empresas nos seus mercados de atuação.

- ❏ "Quando a exposição de Paris se encerrar, ninguém mais ouvirá falar em luz elétrica" (Erasmus Wilson, Universidade de Oxford, 1879).
- ❏ "A televisão não dará certo. As pessoas terão de ficar olhando sua tela, e a família americana média não tem tempo para isso" (*The New York Times*, 18 abr. 1939, na apresentação do protótipo de uma aparelho de TV).
- ❏ "O cinema será encarado por algum tempo como uma curiosidade científica, mas não tem futuro comercial" (Auguste Lumière, 1895, a respeito do próprio invento).
- ❏ "Tudo o que podia ser inventado já foi inventado" (Charles H. Duell, gerente do escritório de patentes dos Estados Unidos, 1899).
- ❏ "O preço do barril de petróleo chegará a 75 dólares no ano de 2000 e a indústria automobilística declinará. As famílias substituirão o automóvel pela bicicleta e pela motocicleta" (David Peace Snyder, editor da revista *The Futurist*, 1981).

É possível dizer, com elevada possibilidade de acerto, que essas afirmativas foram feitas a partir do entendimento pessoal de cada um deles sobre o assunto tratado. E nenhuma delas se provou verdadeira. Para minimizar a possibilidade de tomadas de decisões baseadas em crenças pessoais, foram criados modelos de identificação de oportunidades de mercado. Seja por estimativa (que é a quantificação da demanda de mercado), projeção (uma previsão perfeitamente calculável) ou predição (uma previsão baseada numa expectativa), os profissionais de marketing elaboram um mapeamento do ambiente buscando saber quais são as variáveis que causam os maiores impactos na organização e de que forma é possível aproveitar as oportunidades e reduzir – ou anular – as ameaças.

Veja, no quadro 2, as principais variáveis externas que devem ser consideradas.

Quadro 2

QUADRO DE ANÁLISE DE CENÁRIO AMBIENTAL

Econômicas	Políticas	Demográficas	Tecnológicas
❑ Taxa de inflação	❑ Monetária	❑ Densidade	❑ Aquisição tecnológica pelo país
❑ Taxa de câmbio	❑ Tributária	❑ Mobilidade	
❑ Produto interno bruto	❑ Distribuição de renda	❑ Taxa de crescimento	❑ Desenvolvimento tecnológico no país
❑ Renda per capita	❑ Relações internacionais	❑ Composição e distribuição da população	❑ Transferência de tecnologia pelo país
❑ Taxas de juros	❑ Legislativas	❑ Processo migratório	❑ Proteção de marcas e patentes
❑ Déficit fiscal nominal	❑ Estrutura do poder	❑ Nível de alfabetização	❑ Velocidade das mudanças tecnológicas
❑ Superávit primário		❑ Nível de escolaridade	❑ Nível de orçamento P&D do país
❑ Risco Brasil		❑ Estrutura organizacional	❑ Nível de incentivos governamentais
		❑ Veículo de comunicação de massa	

Fonte: Oliveira (2010:70).

Mattar e colaboradores (2009) sugerem um modelo de matriz, conhecida como matriz de características, tendências e impactos (CTI) para análise ambiental, conforme quadro 3. As características a considerar são variáveis e devem ser propostas pelo grupo que estiver desenvolvendo o trabalho. O ponto de partida pode ser as variáveis apresentadas no quadro 2. Para cada item de cada elemento ambiental elencado deve-se indicar a tendência e a possível consequência para o marketing. As tendências e respectivas consequências devem ser discutidas e analisadas. Seu impacto sobre a empresa e suas estratégias devem ser considerados. A seguir, deve-se classificar cada item de cada elemento segundo sua relevância e urgência na necessidade de adoção de providências. Naturalmente, os itens mais relevantes e urgentes devem receber atenção imediata, na forma de estratégias e táticas que os potencializem, caso se trate de oportunidades, ou que os anulem – preferencialmente transformando-os em oportunidades –, caso ofereçam risco. Não existe uma regra única para auxiliar na tomada de decisão. A análise deverá considerar o macroambiente e a situação particular da empresa no que se refere a recursos de forma geral.

Quadro 3
MATRIZ DE CARACTERÍSTICAS, TENDÊNCIAS E IMPACTOS (CTI)

Elemento ambiental	Características e eventos hipotéticos	Tendências e projeções	Possíveis consequências para o marketing
Político-legal			
Econômico			
Sociodemográfico-cultural			
Tecnológico			
Conjuntura internacional			

Fonte: Mattar et al. (2009:141).

Cravens e Piercy (2007:72) relatam que "as mudanças do mercado geralmente exigem modificações nas estratégias de negócios e de marketing". Os gerentes que não entendem seus mercados, ou como eles se comportarão no futuro, podem descobrir que suas estratégias serão inadequadas quando houver mudança nas exigências de valor dos compradores ou quando forem disponibilizados novos produtos que atendam melhor às suas necessidades.

Comportamento do consumidor

Entendemos por consumidor o indivíduo que obtém para si ou para sua família produtos e serviços para satisfazer suas necessidades e desejos. O profissional de marketing, nesse campo, busca a compreensão do comportamento do consumidor perante uma gama de bens duráveis, não duráveis e serviços. Quando falamos em comportamento, remetemo-nos ao campo da psicologia, e ela, numa definição simples, diz que o comportamento humano é decorrente tanto do meio ambiente em que um indivíduo vive quanto da sua estrutura cognitiva, isto é, o conjunto de crenças, normas e valores adquiridos ao longo da vida, ou seja, sua educação construída.

O consumidor, segundo Costa (2003:44), "é aquele indivíduo ou instituição que compra um produto". Ele não consome coisas, mas os benefícios que espera do produto. O estudo do comportamento do consumidor visa conhecer os processos envolvidos quando indivíduos ou grupos selecionam, compram, usam ou dispõem de produtos, serviços, ideias ou experiências para satisfazer necessidades e desejos.

Hooley, Piercy e Nicoulaud (2011) mencionam que as questões-chave para compreender os consumidores são: *Quem* está envolvido na compra e no consumo? *Como* eles usam o produto? *Onde* eles compram? *Por que* eles compram ou usam o produto? *Quando* eles compram ou usam o produto? *Quais* são os critérios de escolha?

Os fatores que influenciam o comportamento de compra do consumidor, segundo Kotler e Keller (2006), são:

- mercadológicos: nível de oferta, emprego, crédito, ação da concorrência;
- culturais: cultura, subcultura, classe social;
- sociais: grupos de referência, família, papéis e posições sociais;
- pessoais: idade, ciclo de vida, instrução, estilo de vida, personalidade, autoconceito;
- psicológicos: motivação, percepção, aprendizado, crenças, atitudes.

Churchill Jr. e Peter (2010) nos apresentam um modelo em que o processo de compra do consumidor inclui cinco passos:

- *reconhecimento de necessidade* – o passo inicial do processo de compra para os consumidores é o reconhecimento de uma necessidade, que pode vir de estímulos internos (fome, cansaço, desejo) ou externos (propaganda) e os leva a satisfazê-la;
- *busca de informações* – depois que uma necessidade é reconhecida, os consumidores procuram informações sobre como satisfazê-la. O consumidor pode procurar essas informações em várias fontes;
- *avaliação de alternativas* – com base nas informações coletadas, os consumidores identificam e avaliam maneiras de satisfazer necessidades e desejos. Este passo envolve a decisão de quais recursos são importantes e a identificação de quais recursos são mais importantes do que outros. Ao longo do processo, os consumidores tentam identificar a compra que lhes trará o melhor valor;

- *decisão de compra* – inclui a decisão de comprar ou não e, em caso afirmativo, o quê, onde e quando comprar. Os consumidores decidem também como pagar pela compra;
- *avaliação pós-compra* – depois de comprar o produto, os consumidores avaliam, formal ou informalmente, o resultado da aquisição. Eles consideram se estão satisfeitos com a experiência de fazer a compra e com o bem ou serviço que compraram.

Esse, leitor, é um processo simples, sobre o qual geralmente não costumamos pensar.

Segundo Churchill Jr. e Peter (2010), existem três formas de tomada de decisão da compra:

- tomada de decisão de rotina – os consumidores não consideram que este seja um tipo de compra importante e não estão altamente envolvidos nela. Em geral, envolve a consideração de uma ou poucas marcas em termos de uma ou de poucas características; pode ser uma compra habitual;
- *tomada de decisão limitada* – seguindo um curso moderado, os consumidores consideram várias marcas e fontes do produto. Eles estão dispostos a gastar um pouco de tempo procurando valor, mas manterão baixos seus custos em termos de tempo e esforço;
- *tomada de decisão extensa* – envolve a comparação de muitas alternativas e sua avaliação de acordo com muitas características. Os consumidores consultam várias fontes de informações, o que requer um investimento significativo de tempo e esforço. É o tipo menos comum de tomada de decisão.

O processo de compra desenvolvido por qualquer consumidor geralmente segue os cinco passos anteriormente apresentados. A tomada de decisão, por sua vez, se dá conforme uma das três formas listadas. Mas não é suficiente saber como o processo se dá. É preciso saber quem é o consumidor para entender como ele age e reage em cada uma das etapas. Para tanto, segmentar e definir o mercado-alvo torna-se de fundamental importância para estabelecer as estratégias de marketing.

Segmentação e definição do mercado-alvo

Na época em que a procura por produtos e serviços era maior que a demanda, as empresas preocupavam-se apenas em fabricar, distribuir e vender produtos iguais para todo tipo de público. Henry Ford foi o grande precursor dessa estratégia, quando propôs que todo Ford modelo T deveria ser vendido apenas na cor preta, sem opção de cores ou modelos. O diferencial dessa abordagem, denominada marketing de massa, é o fato de se atingir uma escala maior de produção, a custo relativamente mais baixo, podendo-se praticar preços proporcionalmente mais accessíveis e, mesmo assim, obtendo lucratividade atraente (Kotler e Keller, 2006). Na direção oposta à escolhida por Henry Ford, Alfred Sloan Jr., principal executivo da General Motors à época, solicitou a seus engenheiros que desenvolvessem vários modelos de carros, cada um projetado para atender às necessidades e gostos de um grupo diferente de consumidores. Esse posicionamento foi fundamental para que a GM se tornasse uma das maiores empresas do mundo, antes da crise de 2008 e 2009.

Segmentação de mercado

Nem sempre é possível satisfazer a todos em um mesmo mercado. Uma das estratégias de marketing mais adotadas para tentar minimizar essa situação é a segmentação, na qual "os profissionais de marketing começam dividindo o mercado em segmentos" (Kotler e Keller, 2006:22). A partir do resultado dessa segmentação, a empresa decide a qual segmento servir e como atendê-lo.

É importante salientar que existem diferentes tipos de mercado com diferentes necessidades de compra. Para facilitar o acesso e atendimento a esses mercados, as empresas os dividem em segmentos menores. De acordo com as características em comum agrupadas, eles podem ter suas necessidades atendidas com maior eficiência (Armstrong e Kotler, 2007).

Churchill Jr. e Peter (2005:204) definem segmentação de mercado como "o processo de dividir um mercado em grupos de compradores potenciais que tenham semelhantes necessidades e desejos, percepções de valor e/ou comportamentos de compra".

Existem dois tipos de mercado: o industrial ou empresarial, que denominaremos organizacional, também conhecido como mercado *business to business* (B2B), cujos clientes são empresas ou órgãos públicos, e o de consumo, também referido como mercado *business to consumer* (B2C).

O mercado organizacional é formado por todas as empresas ou organizações que produzem produtos e serviços utilizados na produção de outros bens ou serviços, que são vendidos, alugados ou fornecidos a terceiros (Kotler e Keller, 2006:208).

No mercado de consumo, o papel do profissional de marketing é identificar e descrever grupos distintos de compradores por meio de diferenças demográficas, psicográficas e comportamentais, identificar as preferências ou exigências desses compradores e propor várias estratégias diferentes de produtos ou serviços (Kotler e Keller, 2006:22).

O resultado do processo de segmentação é benéfico quando a empresa preocupa-se em observar e estudar algumas variáveis que a ajudam na definição do mercado-alvo, isto é, para qual consumidor ela deve dirigir seus esforços. O conjunto de variáveis escolhido é que vai delinear o segmento de mercado a ser acessado, com maior probabilidade de acerto (Kotler e Keller, 2006).

Os aspectos que podem ser considerados na segmentação são:

- geográficos – divide-se o mercado em grupos a partir de variáveis geográficas, tais como região, população, densidade, clima, porte da cidade, área;
- demográficos – constituem a maneira mais usual de formar grupos. As variáveis básicas a serem estudadas são sexo, idade, tamanho das famílias, ciclo de vida da família, renda, ocupação, grau de escolaridade, religião, etnia, geração, nacionalidade e classe social;
- psicográficos – na segmentação psicográfica consideram-se os fatores que norteiam a ciência da psicografia, que é a combinação da psicologia e da demografia. Características como estilo de vida, personalidade, valores, atitudes e percepção são analisadas em conjunto. Na variável personalidade podem ser agrupadas pessoas de temperamento forte, autoritárias, ambiciosas, sociáveis, entre outras. Existem também as pessoas que possuem um estilo de vida parecido e que podem ser estudadas de acordo com suas atividades, interesses e opiniões similares;
- comportamentais – os compradores devem ser separados em grupos conforme seus conhecimentos, atitudes, uso e resposta a um produto. Consideram-se, nesse caso, os papéis de decisão (iniciador, influenciador, decisor, comprador e usuário); ocasiões de compra; benefícios procurados; *status* do usuário; índice de utilização (*light-users*, *medium-users* e *heavy-users*); estágio de prontidão (pretensão de compra); *status* de fidelidade – fiéis convictos (compram sempre a mesma marca), fiéis divididos (compram duas ou três marcas), fiéis inconstantes (mudam constantemente de marca) e os infiéis (não são fiéis a nenhuma marca).

Churchill Jr. e Peter (2005) propõem que a segmentação de mercado seja dividida em:

- ❑ segmentação demográfica – refere-se às características da população, como sexo, idade, raça, renda, instrução, ocupação e tipos de família, este último caracterizado pelo tamanho da família e ciclo de vida familiar;
- ❑ segmentação geográfica – divide o mercado em grupos de acordo com a localização, densidade populacional ou clima;
- ❑ segmentação psicográfica – aborda o estilo de vida dos consumidores;
- ❑ segmentação baseada em pensamentos e sentimentos – tem por base o que os consumidores pensam e sentem com relação ao produto ou serviço, marca e seu valor;
- ❑ segmentação baseada em comportamento de compra – o comportamento do consumidor é dividido em categorias: prudente, impulsivo, pessimista, tradicional e confiante. Ainda dentro da segmentação baseada no comportamento do consumidor, temos a frequência de uso, a situação de lealdade e a situação de usuário. Esta última procura identificar se o consumidor já utilizou, utiliza ou tem potencial de utilização do produto ou serviço.

Segundo Churchill Jr. e Peter (2005), esses segmentos tendem a retornar com maior facilidade as estratégias de marketing adotadas para determinado grupo, de acordo com suas necessidades específicas.

Salientamos que a parcela do mercado total para a qual a empresa direciona seus bens e serviços denomina-se mercado-alvo. Quando, a partir da segmentação, esse mercado é dividido em grupos menores, cada grupo é chamado de segmento. É possível optar por atender a um grupo específico ou mesmo a vários grupos.

A empresa que decide dedicar-se a um segmento específico, que julga ser importante para seu negócio, ou que pretenda dominar o mercado em determinado ramo, deve concentrar esforços nessa direção. Nesse caso, ela passa a atuar no mercado segmentado concentrado, o que traz muitos benefícios, pois assim adquire experiência e passa a conhecer muito bem os consumidores-alvo. Vale ressaltar que os concorrentes podem estar adotando práticas semelhantes.

Quando a empresa decide atuar em vários segmentos, está optando pela estratégia do mercado segmentado diferenciado ou de sortimento. Nesse caso, são desenvolvidas formas diferenciadas de atender aos diferentes segmentos, e as estratégias de marketing serão ajustadas de acordo com a demanda de cada um desses grupos. Com isso, é possível conquistar uma fatia maior no mercado se a satisfação do consumidor for atingida. Essa forma de atuação é mais onerosa e requer mais recursos, pois será necessário investir em planos de marketing diferentes para cada tipo de segmento (Las Casas, 2005).

No mercado organizacional (B2B) segmenta-se pelo tamanho, localização e área de atuação das empresas. Podemos classificar o mercado como pequenas, médias ou grandes empresas; localizadas na região, cidade ou bairro; atuantes na área química, educacional, farmacêutica ou alimentícia, por exemplo.

Você, leitor, poderá ter percebido que os aspectos e variáveis diferem de uma segmentação no mercado consumidor (B2C) para uma no mercado institucional (B2B). Nesse caso, Kotler e Keller (2006:254) sugerem adotar o modelo proposto por Bonoma e Shapiro, que consiste em segmentar o mercado organizacional, conforme o quadro 4. Kotler e Keller (2006) ainda destacam que, nesse tipo de segmentação, as variáveis demográficas são as mais importantes, seguidas das operacionais.

Quadro 4
PRINCIPAIS VARIÁVEIS DE SEGMENTAÇÃO PARA O MERCADO ORGANIZACIONAL

Aspectos	Questões a considerar
Demográficas	Quais setores devemos atender? Que porte de empresa devemos atender? Em que áreas geográficas devemos atender?
Operacionais	Quais tecnologias de clientes devemos focar? Quais consumidores devemos atender: os *heavy-users*, os *medium-users*, os *light-users* ou os não usuários? Devemos atender os clientes que usam poucos ou muitos serviços?
Abordagem de compras	Devemos atender empresas com organização de compras centralizadas ou descentralizadas? Devemos atender empresas em que predominam a engenharia, área financeira, entre outras? Devemos atender empresas com que temos um relacionamento forte ou buscar as que mais nos interessam? Devemos atender empresas que preferem o *leasing*, contrato de serviço, compras de sistemas ou propostas lacradas? Devemos atender empresas que buscam qualidade, serviço ou preço?
Fatores situacionais	Devemos atender empresas que necessitam de entregas ou serviços rápidos? Devemos focalizar aplicações específicas do nosso produto ou aplicações gerais? Devemos focalizar pedidos grandes ou pequenos?
Características pessoais	Devemos atender empresas em que os funcionários e os valores sejam similares aos nossos? Devemos atender os clientes que assumem riscos ou os que os evitam? Devemos atender empresas que demonstram alto grau de fidelidade a seus fornecedores?

Fonte: Adaptado de Bonoma e Shapiro (1983 apud Kotler e Keller, 2006:255).

Posicionamento

É comum ouvirmos falar em posicionamento. Você, leitor, já pode ter discutido a questão com amigos e colegas. Mas o que é posicionamento? Para Ries e Trout, "posicionamento não é o que fazemos com o produto, e sim o que fazemos na mente do cliente em perspectiva" (apud Kotler e Keller, 2006:305).

Ou seja, posicionamos o produto na mente do consumidor em potencial. Kotler e Keller (2006:22), por sua vez, afirmam que a "oferta é posicionada, na cabeça dos compradores-alvo, como algo que fornece um ou mais benefícios centrais". Procura-se sempre desenvolver benefícios que sejam do interesse do mercado-alvo, para buscar posicionar o produto, ou serviço, como a melhor escolha para aquele público.

Churchill Jr. e Peter (2005:222-223) defendem que o posicionamento "envolve a criação de uma percepção favorável do produto em relação aos concorrentes na mente dos compradores potenciais".

Podem ser desenvolvidos posicionamentos por:

❑ concorrentes – procura-se destacar alguma vantagem com relação aos concorrentes. O veículo sedan mais confortável, a *sports utility vehicle* (SUV) mais vendida e o compacto mais admirado são alguns dos posicionamentos que podem ser desenvolvidos;

❑ atributos – busca-se posicionar o produto com base em suas características, por exemplo, o carro que tem o motor mais possante, ou que tem o maior espaço interno, ou, ainda, o que tem a suspensão mais segura;

❑ uso ou aplicação – procura-se ressaltar que o produto tem desempenho superior para um uso específico, como quando a MasterCard posiciona seu cartão de crédito como útil para transações do dia a dia, mostrando-o como um facilitador para a organização das finanças e pagamentos de despesas rotineiras, ou quando a Mitsubishi apresenta suas SUV como as mais adequadas para enfrentar terrenos áridos e de topografia acidentada;

❑ usuário – posiciona-se o produto para um público-alvo específico. Por exemplo, as montadoras de veículos viram que o carro popular não servia apenas para os que não tinham dinheiro, mas também aos que queriam adquirir um segundo ou terceiro carro da família e apreciavam o conforto; a partir dessa informação, elas passaram a oferecer os opcionais. A Ford, por sua vez, apresenta o Fusion, um sedan de luxo, como o carro dos executivos bem-sucedidos;

❑ classe de produto – comparam-se as diferenças entre categorias de produtos, ressaltando os aspectos positivos que se quer destacar. A Unilever fez isso com o sabonete Dove, que foi apresentado como fazendo parte de uma categoria de produtos superior, por ser uma mistura de sabonete e hidratante, em vez de um simples sabonete.

Você pode estar se perguntando: "Existe diferença entre posicionamento e segmentação?" Existe, sim. O posicionamento refere-se ao produto ou serviço ofertado e o espaço que ele ocupa na mente do consumidor; a segmentação é feita no mercado e implica a identificação de grupos de clientes que possuem necessidades parecidas e que permitem à empresa oferecer produtos ou serviços que as satisfaçam.

Para que possamos iniciar um programa de posicionamento, Ries e Trout (1993:152-157) recomendam cinco perguntas básicas a que devemos responder:

❑ Qual é a posição que temos?
Devemos começar pensando no que pensa o público-alvo, e fazer um esforço para descobrir que posição ocupamos na mente dele. Se for necessário, devemos investir em pesquisas para elucidar essa questão.

❑ Qual é a posição que queremos ter?
Devemos definir a posição que queremos ter na mente do nosso público, tomando cuidado para que não seja uma posição demasiadamente ambiciosa com relação à nossa oferta, nem que já esteja ocupada por um concorrente.

- Quem vamos enfrentar?
  Devemos escolher bem nossa concorrência. A ideia básica, com ações de posicionamento, é nos tornarmos a primeira escolha por parte do nosso público-alvo. E isso deve se dar basicamente pelos atributos que compõem o produto. Nem sempre o líder de mercado é nosso concorrente.
- Temos recursos financeiros suficientes?
  Um dos maiores obstáculos ao desenvolvimento de um posicionamento vencedor é a falta de recursos por força da falta de um bom planejamento. No desenvolvimento de qualquer plano, deve-se considerar o volume de recursos necessário para conquistar uma posição privilegiada e, depois, mantê-la. A concorrência é feroz e reage a qualquer ação proposta.
- Estamos preparados para competir?
  Os ataques da concorrência não param e vêm de várias direções. As ideias se sucedem rapidamente. Para lidarmos com essas mudanças, é fundamental termos uma perspectiva de longo prazo. O posicionamento precisa ser desenvolvido dentro dessa perspectiva. Deve ser sustentado e sustentável por um longo período. Nós nos comportamos de acordo com nossa posição?
  O conceito de posicionamento tende a restringir a abrangência da comunicação. A criatividade na comunicação deve estar atrelada ao posicionamento que queremos ter.

Neste primeiro capítulo abordamos a origem, a evolução e os conceitos atuais do marketing. Entendemos que o marketing deve ser adotado pelas empresas como uma filosofia de gestão, tornando-se uma diretriz empresarial. Para tanto, é necessário conhecer bem os mercados, os clientes e consumidores.

Nesse sentido, as redes sociais aparentemente nos oferecem um elevado número de diferentes possibilidades de interação, possibilitando o desenvolvimento de um trabalho de marketing mais focado.

Mas, como vimos, ainda estamos aprendendo a interagir de maneira profissional no ambiente virtual, que nos permite pesquisar, segmentar e posicionar nossa oferta. Enquanto isso, as mesmas práticas, adotadas de forma tradicional no marketing, seguem oferecendo a possibilidade de atendimento das necessidades e desejos do público-alvo.

Após ter este primeiro contato com os princípios de marketing, com os mercados e seus consumidores, esperamos que você, leitor, inicie um novo mergulho no assunto, focando agora o desenvolvimento de uma proposta de valor que permita à empresa atrair e reter consumidores, transformando-os em clientes fiéis – tema que será abordado no próximo capítulo.

2

Desenvolvimento de uma proposta de valor

Como vimos no capítulo anterior, o marketing envolve uma série diferente de atividades, com o propósito de atender a necessidades e desejos, deixando o cliente satisfeito e levando a empresa a atingir os resultados esperados. Para tanto, é preciso vender.

Sem dúvida, tudo o que foi discutido no capítulo 1 nos ajuda a sedimentar as bases para a construção de uma proposta de valor. Valor para o cliente, fique bem entendido. Adotar o marketing como diretriz empresarial, pesquisar, segmentar e posicionar contribuem para o sucesso mercadológico. Mas como ajustar a oferta e vencer a disputa entre concorrentes, na atração de clientes e consumidores? É disso que trataremos neste capítulo.

Natureza e estrutura de valor para o cliente

Como já citamos, leitor, os consumidores buscam constantemente soluções para suas necessidades e desejos. Para obterem sucesso, as organizações precisam desenvolver e entregar produtos e serviços que os atendam. O constante aumento do número de empresas operando no mercado tem propiciado ao cliente uma variedade cada vez maior de alternativas. Nesse cenário, a empresa que conseguir concentrar maior valor na sua oferta terá a preferência dele.

Dentro dessa linha de raciocínio, a organização deve desenvolver suas ações de marketing voltadas para a criação de uma proposta de valor que, por sua vez, consiste em adotar uma "filosofia empresarial que se concentra em desenvolver e entregar um valor superior para os clientes como modo de alcançar os objetivos da organização" (Churchill Jr. e Peter, 2010:10).

Segundo Kotler e Keller (2006), o processo de entrega do valor está dividido em três etapas. A primeira envolve selecionar o valor. Nessa etapa, a organização deve segmentar o mercado, definir o público-alvo e desenvolver um posicionamento que dê destaque ao valor da oferta que será apresentada. Na segunda etapa, a empresa deve se ocupar em fornecer o valor prometido. Para isso, ela deve dedicar-se a ajustar o produto ou serviço, estabelecer seu preço e distribuí-lo. A terceira etapa, de promoção, inclui comunicar ao cliente o valor proporcionado. Para tanto, a empresa pode se valer de uma série de ferramentas de promoção, que incluem sua força de vendas e a propaganda. Como você, leitor, já deve ter imaginado, um planejamento criterioso deve ser realizado, pois todas as etapas mencionadas envolvem custos.

A base da orientação de marketing voltado para o valor é formada por seis princípios (Churchill Jr. e Peter, 2005). Veja a seguir:

❑ o princípio do cliente – afirma que a razão de ser das empresas são os clientes e as trocas efetuadas entre eles. Na busca por oferecer valor superior, as organizações devem entender seus consumidores, pesquisar o que pensam, como sentem, adquirem e usam seus produtos e serviços. O foco está no cliente;

❑ o princípio do concorrente – deve-se buscar oferecer valor superior ao disponibilizado pelos concorrentes. O valor oferecido por uma empresa precisa ser superior ao da concorrência, quando feita a comparação. O foco é o ambiente competitivo;

❑ o princípio proativo – destaca a necessidade de mudar o ambiente em que a empresa está inserida, a fim de atingir os objetivos da organização com sucesso. A empresa terá de ser tanto reativa (reagindo às contingências que se apresentam) quanto proativa (tentando antecipar-se às possíveis situações que poderão ocorrer no ambiente) em suas ações de marketing, sempre dentro de princípios éticos e responsáveis;

❑ o princípio interfuncional – defende que todos os setores ou departamentos da organização devem ser orientados para o marketing. A utilização de equipes interfuncionais melhora a eficiência e a eficácia no que tange às decisões de marketing, com a consequente agregação de valor;

❑ o princípio da melhoria contínua – sugere a necessidade de se aprimorar constantemente o planejamento, a implementação e o controle das atividades de marketing, bem como das demais áreas da organização que buscam entregar valor ao cliente;

❑ o princípio dos *stakeholders* – considera que, embora as ações de marketing sejam voltadas aos clientes, não podem ignorar os demais públicos com os quais a empresa se relaciona, como clientes internos, acionistas e fornecedores, entre outros. Note que, para Churchill Jr. e Peter (2005:13), neste caso, "*stakeholders* são indivíduos e grupos que também têm um interesse nas consequências das decisões de marketing das organizações e podem influenciá-las".

Mas você, leitor, deve estar se perguntando: "Como definir o que é valor para clientes e consumidores?" A expressão que o define é muito simples. Veja: valor é "a diferença entre as percepções do cliente quanto aos benefícios da compra e uso dos produtos e serviços, e os custos em que ele incorre para obtê-los" (Churchill Jr. e Peter, 2005:13). Essa definição pode ser traduzida na seguinte equação:

> Valor para o cliente = benefícios percebidos – custos percebidos

Podemos dizer que, quando o resultado dessa operação for próximo a zero ou negativo, o cliente ficará insatisfeito em relação ao produto ou serviço adquirido. Por outro lado, quanto maior for o resultado, maiores serão as chances de escolha e satisfação.

Concordando com essa posição, Kotler e Keller (2006:140) dizem que o "valor percebido pelo cliente é a diferença entre a avaliação que o cliente em potencial faz de todos os benefícios e custos relativos a um produto ou serviço e as alternativas percebidas". O cliente, provavelmente, comprará do fornecedor que, dentro da sua perspectiva, estiver lhe entregando maior valor. Kotler e Keller (2006:140) afirmam, ainda, que, "ao avaliar uma oferta, o consumidor levará em consideração os benefícios econômicos, funcionais e psicológicos, bem como os custos monetários, de tempo, de energia física e psíquica".

Partindo do mesmo princípio e tomando as mesmas variáveis, mas usando uma equação diferente de avaliar valor percebido, Lima (2007:37) afirma que valor

> consiste na avaliação subjetiva, pelo cliente, de um conjunto de benefícios recebidos em troca dos custos incorridos para escolher, adquirir, utilizar e descartar um produto ou serviço, levando em consideração as ofertas e os preços da concorrência.

Essa definição pode ser indicada na seguinte equação:

$$\text{Valor percebido} = \frac{\text{benefícios percebidos}}{\text{custos percebidos}}$$

Aqui também observamos que, quanto maior for o resultado obtido por essa equação, mais satisfeito o cliente estará em relação ao produto ou serviço adquirido. Assim, sempre que os benefícios percebidos forem maiores que os custos percebidos, o resultado da equação será um número maior que um, e o consumidor analisará a compra como vantajosa, do seu ponto de vista. Sempre que os custos percebidos forem maiores que os benefícios percebidos, o resultado da equação será menor que um e o consumidor não analisará essa transação como interessante. Percebeu, leitor, que, apesar de serem duas equações diferentes, elas indicam o mesmo caminho?

Uma equação semelhante é proposta por Kotler e Keller (2006:140) para comparar diretamente duas ofertas. Divide-se o valor percebido de uma oferta, VP1, pelo da outra, VP2. Sempre que o valor percebido da primeira oferta, VP1, for maior que o da segunda, VP2, o resultado da equação será maior que um e o consumidor provavelmente escolherá a primeira oferta. Sempre que o resultado for menor que um, o consumidor escolherá a segunda oferta. Caso o resultado seja igual a um, o consumidor será indiferente a ambas.

Para Kotler e Keller (2006:142), satisfação é "a sensação de prazer ou desapontamento resultante da comparação entre o desempenho (ou resultado) percebido de um produto e as expectativas do comprador". O cliente ficará satisfeito à medida que o desempenho do produto ou serviço adquirido atender às suas expectativas. Vale ressaltar que a expectativa do cliente em relação ao produto ou serviço é decorrente das suas necessidades pessoais, da experimentação anterior própria, das informações obtidas junto à empresa fornecedora e da influência de outras pessoas.

Desenvolvimento do marketing mix

Como você pôde ver no capítulo 1, denomina-se composto de marketing, ou marketing mix, o modelo também conhecido como o dos 4 Ps de marketing, aperfeiçoado por McCarthy em 1960 (apud Kotler e Keller, 2006:17). Esse modelo inclui os seguintes componentes: produto (*product*), preço (*price*), praça, ponto ou distribuição (*place*) e promoção (*promotion*). E tem como principal característica o fato de estruturar todas os componentes em função das necessidades e desejos do consumidor, seja ele pessoa física ou jurídica.

O modelo determina o escopo do marketing: desenvolve-se o produto que o mercado deseja ou do qual necessita, com o preço que o consumidor quer ou pode pagar, coloca-se no lugar onde ele quer ou costuma comprar e comunica-se, de forma clara, a todos, sua existência e suas diferenças, isto é, informa-se que o produto ou serviço existe, que custa o que o consumidor pode despender e está ao seu alcance no local em que quer comprar.

A figura 3 ilustra as responsabilidades do mix de marketing nas empresas.

O mix de marketing proposto por Kotler e Keller (2006) contempla o fato de haver necessidade de ajustarmos o produto, a distribuição, o preço e a comunicação ao mercado-alvo, buscando estimulá-lo a consumir nossos produtos ou serviços. As decisões que envolvem os 4 Ps devem estar relacionadas. Isto é, quando alteramos o design do produto, por exemplo, devemos observar como isso afetará preço, ponto de venda e promoção e, se for o caso, promover as adequações necessárias, observando sempre as reações dos consumidores.

Figura 3
MIX DE MARKETING

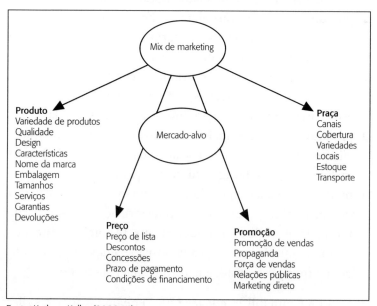

Fonte: Kotler e Keller (2006:17).

Produto

Para Las Casas (2005:164),

> produtos podem ser definidos como o objetivo principal das relações de troca que podem ser oferecidos num mercado para pessoas físicas ou jurídicas, visando proporcionar satisfação a quem os adquire ou consome.

Para Kotler e Keller (2006), produto é tudo o que pode ser oferecido ao mercado para atender e satisfazer as necessidades ou desejos do consumidor. Segundo os autores, ele está dividido em cinco níveis:

- benefício central – é o que o cliente realmente está comprando. Ele vai para um hotel para descansar ou pernoitar;
- produto básico – é o que oferece o benefício central. O hotel disponibiliza para o cliente armário, banheiro, toalhas, cama para que ele possa descansar;
- produto esperado – série de atributos e condições que os compradores normalmente esperam ao comprá-lo. Que a cama esteja arrumada, o banheiro limpo, as toalhas lavadas;
- produto ampliado – inclui atributos oferecidos para que o cliente tenha sua expectativa atendida ou superada. O hotel inclui TV digital, flores naturais no quarto;
- produto potencial – quando se procura exceder a expectativa do consumidor, incluindo as transformações possíveis no futuro. O que vale é encantar o cliente. O hotel permite que, no momento da reserva, cada hóspede adapte a decoração do quarto ao seu gosto, a partir de uma lista de itens.

Tanto Churchill Jr. e Peter (2005) quanto Kotler e Keller (2006) concordam que os produtos de consumo são classificados quanto ao critério de compra, da seguinte forma:

- bens de conveniência – geralmente têm preço baixo, alta frequência de compra e esforço mínimo envolvido na aquisição. Utilizam-se a mídia de massa e ampla distribuição. Por exemplo: canetas descartáveis, pilhas, isqueiros, velas;
- bens de compra comparada – os preços são moderados e as aquisições são efetuadas após a comparação de algumas alternativas. Trabalha-se a mídia de massa, mas coloca-se alguma ênfase em vendas pessoais e na distribuição seletiva. Por exemplo: eletrodomésticos, móveis, roupas, carros;
- bens de especialidade – pouca frequência de compra por parte do consumidor, preço geralmente elevado, tempo de decisão longo e maior comparação entre as alternativas apresentadas. Utiliza-se a mídia de massa, com mais ênfase em vendas

pessoais e com distribuição exclusiva. São produtos em que a marca prevalece. Por exemplo: furadeiras, compressores e geradores domésticos;

❑ bens não procurados – os consumidores não procuram por este tipo de produto e, em muitos casos, não têm nenhum conhecimento sobre o mesmo. Por exemplo: seguros residenciais e seguro de vida. O melhor recurso a utilizar são as vendas pessoais, associadas ao esforço de mídia de massa;

❑ bens industriais – são os produtos utilizados por organizações para fabricação de outros produtos, serviços ou suprimentos. A mídia deve ser especializada, bem como os canais. As vendas pessoais são as grandes responsáveis pelo sucesso do produto ou serviço.

Segundo Las Casas (2005), compõem o produto: a marca, a embalagem, os serviços e garantias e a qualidade.

Marca é a prática de se dar um nome, termo, símbolo ao produto para que a empresa possa diferenciá-lo de seus concorrentes. No capítulo 3 voltaremos a tratar desse tema.

Embalagem, que você bem sabe do que se trata, é um aspecto importante do produto. Sabemos que a maior parte das decisões de compra de produtos de consumo se dá no momento em que a transação é realizada. Investir no desenvolvimento de embalagens diferenciadas pode ajudar a alavancar vendas, no momento da decisão do consumidor. Ela deve destacar a principal característica do conteúdo, além de protegê-lo, facilitar o transporte, armazenagem, conservação e uso, e ser projetada para sua reutilização, quando possível.

Alguns produtos necessitam de garantia e de serviços complementares que envolvem sua manutenção. Tais serviços podem ser de grande rendimento para as empresas, principalmente após o término do prazo de garantia. O objetivo de se oferecer garantia dos produtos é gerar credibilidade junto ao consumidor.

A qualidade é uma característica do produto, aplicada no processo de produção, e é fundamental, pois a satisfação dos clientes está a ela associada.

Ciclo de vida do produto

O produto ou serviço passa por algumas fases, ou estágios, durante seu ciclo de vida – introdução, crescimento, maturidade e declínio – e, conforme o estágio em que se encontra, deve-se trabalhar com determinadas estratégias de marketing (Kotler e Keller, 2006).

No estágio da introdução, os esforços com a produção, o marketing e as vendas são maiores. Essa situação faz com que seus preços também precisem ser elevados para garantir o retorno necessário à continuidade das estratégias. Os lucros são muito baixos ou mesmo inexistentes. Em alguns casos, por decisão estratégica, pode-se operar com prejuízo inicial, visando reverter a situação no futuro. Quando o produto é novo, existe pouca ou nenhuma concorrência e é mais difícil conseguir intermediários, pois, geralmente, é desconhecido pelo consumidor. Exige um alto investimento em comunicação para torná-lo conhecido. Quando o produto já existe e é conhecido, ele é mais facilmente aceito pelos intermediários e, geralmente, o preço é mais baixo, pois não há mais necessidade de se trabalhar no sentido de recuperar o investimento feito no seu desenvolvimento. Veja, a seguir, na figura 4, a curva padrão do ciclo de vida de produtos e serviços.

Note, leitor, que no momento da introdução do produto no mercado, devido aos investimentos e às despesas na fase de desenvolvimento, bem como aos custos iniciais de comercialização, não há lucratividade, e sim prejuízo.

Figura 4
CICLO DE VIDA DO PRODUTO

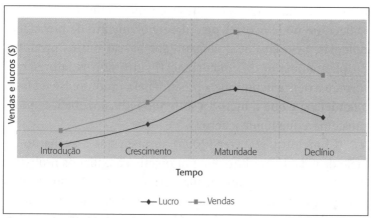

Fonte: Kotler e Keller (2006:317).

Com a elevação das vendas, devido ao aumento da procura pelo produto (estamos tratando de uma situação específica, embora corriqueira), a atenção da concorrência é atraída. Deve-se diferenciar o produto, acrescentando-lhe ou suprimindo-lhe características, e buscar novos compradores. Esse estágio é denominado crescimento. É importante atender à demanda existente e evitar a concorrência. Nessa hora a produção e a distribuição dos produtos devem se adequar à demanda. Um elevado investimento em comunicação faz-se necessário. Os preços, embora com diferenças significativas entre concorrentes, começam a se reduzir e estabilizar. A tendência é seguir o líder. Aumenta o interesse dos intermediários.

Na maturidade, próxima fase do ciclo de vida, ocorre a estabilização das vendas do produto. Geralmente, a produção é feita em larga escala, a competição é acirrada, diminuem as diferenças de preços, os distribuidores estão acostumados a tê-lo em suas prateleiras, os líderes investem maciçamente em comunicação.

Como você deve imaginar, caro leitor, a queda no volume de vendas caracteriza o estágio de declínio. Nessa fase, diminuem a aceitação pelos clientes e o número de concorrentes. O declínio pode ocorrer pelo desenvolvimento de novas tecnologias, pelo fato de o consumidor buscar outros produtos ou pelo aumento da concorrência, entre outros fatores que tornam a oferta maior que a procura pelo produto. Nessa fase, a tendência é que o lucro vá sofrendo redução, obedecendo a uma curva que tende a zero.

Churchill Jr. e Peter (2005) afirmam que a avaliação do ciclo de vida do produto tem por objetivo auxiliar os profissionais de marketing a planejar suas estratégias e, aos responsáveis pela criação de novos produtos, ajudar a prever um aumento na concorrência, introduzindo, assim, inovações no produto a fim de manter o volume de vendas desejado. A avaliação do ciclo de vida do produto possui limitações, pois não oferece informações do tempo de duração de cada fase. Isso exige dos profissionais que analisam o mercado um cuidado muito grande, pois podem errar ao avaliar o fim de uma fase e o início de outra. Em alguns casos, o produto não passa por todas as fases citadas.

Preço

Você costuma se perguntar por que alguns produtos são tão caros e outros tão baratos? Muitas vezes a estratégia de precificação não fica clara para o consumidor. Não existe uma fórmula para estabelecimento de preço. Sua determinação deve estar respaldada pelo grau de satisfação que o cliente tem ao adquirir o produto ou serviço. O preço não pode ser alto a ponto de impedir que o cliente o compre, e não pode ser baixo a ponto de desqualificar o produto.

Churchill Jr. e Peter (2005:314) definem preço como "quantidade de dinheiro, bens ou serviços que deve ser dada para se adquirir a propriedade ou uso de um produto".

Para Kotler e Keller (2006:428), "o preço é o único elemento do mix de marketing que produz receita; os demais produzem custos". O preço é um dos elementos mais flexíveis; pode ser alterado rapidamente e informa ao mercado o posicionamento de valor do produto.

Ao estabelecer um preço para seu produto ou serviço, a empresa pode escolher entre alguns objetivos, tais como: obter lucro, controlar seu volume de vendas, conquistar vantagem sobre a concorrência e estabelecer um posicionamento.

Ao definir como objetivo o aumento da lucratividade, a empresa foca em conseguir um retorno sobre o investimento feito em um determinado produto ou serviço, também conhecido como *return on investment* (ROI). Devem ser levados em consideração os custos e a previsão de demanda de mercado.

Em outros momentos, atingir determinado volume de vendas pode ser o objetivo. Nesses casos, a empresa buscará uma participação de mercado (*market share*) específica, por meio da obtenção de um volume de vendas que seja de seu interesse. O preço é fixado objetivando atingir determinado volume de vendas.

Definir preço com foco no concorrente é uma forma de se obter vantagem sobre ele, a partir da sua própria estratégia, ou seja, usar a força ou fraqueza do concorrente contra ele próprio. Os preços são estipulados de acordo com os praticados pela concorrência. Podem ser estabelecidos acima ou abaixo do preço do concorrente, dependendo dos objetivos de marketing da empresa. O limite da manipulação dos preços vai depender do posicionamento da empresa, da economia de escala que ela tenha ou possa ter, bem como da capacidade de produção, quando confrontada com a demanda do mercado.

O preço ajuda a organização a obter um posicionamento claro de sua imagem junto ao mercado. Geralmente, quando se trata de posicionamento, costuma-se pensar em atuar com preços mais elevados que os da concorrência. Mas isso não é definitivo. Deve-se sempre fixar preço de maneira coerente com o posicionamento pretendido.

Para Kotler e Keller (2006), os objetivos de preços de uma empresa podem ser determinados ainda com outras finalidades:

❑ sobrevivência – quando a empresa enfrenta dificuldades por excesso de capacidade, mudança de hábitos do consumidor ou pela forte concorrência. Nesse caso, estabelecem-se preços que cubram os custos variáveis e parte dos custos fixos para continuar sobrevivendo. Essa é uma medida necessariamente de curto prazo, e a empresa terá de buscar soluções de longo prazo para não chegar à falência;

❑ liderança na qualidade do produto – quando a empresa busca ser percebida como a líder em qualidade em determinada categoria de produtos. Nessa modalidade podem entrar os produtos de luxo, em que seus consumidores são mais sensíveis à qualidade e ao *status* do que ao preço;

❑ desnatamento máximo do mercado – ocorre quando uma empresa lança um produto novo no mercado com preço bem alto. Comumente aplicado a produtos eletrônicos ou de alta tecnologia. É uma forma de comunicar a qualidade do produto para um grupo seleto de consumidores que estão dispostos a pagar o preço da inovação. O preço tende a cair com o tempo.

Determinação da demanda

A análise do nível da demanda de um produto é importante para determinar seu preço. Nessa análise deve-se também considerar o fator denominado elasticidade ou sensibilidade ao preço. A demanda é elástica quando a variação de preços altera a quantidade de produtos vendida. Aumentando o preço, diminuem as vendas; diminuindo o preço, aumenta a quantidade vendida. A demanda é inelástica quando a variação de preços não altera a quantidade vendida. Um exemplo clássico de inelasticidade é o sal de cozinha. Um aumento no preço desse produto vai acarretar uma diminuição mínima no consumo. Isso porque ainda não existe produto substituto para ele, que é considerado essencial para seus consumidores. Outro exemplo é o fósforo. Um aumento de preço não acarreta uma diminuição substancial no consumo, pois é um produto barato e com um peso muito pequeno no orçamento do consumidor.

Produtos que possuem demanda elástica podem ser facilmente substituídos por produtos alternativos. A carne de gado pode servir para exemplificar a elasticidade da demanda. Quando o preço aumenta, é comum o consumidor trocar seu consumo pelo peixe, pela carne de frango ou de porco. Produtos com muitas alternativas de substituição se enquadram nesse tipo de demanda,

Na figura 5, observam-se graficamente a demanda elástica e a demanda inelástica.

Figura 5
ELASTICIDADE DA DEMANDA

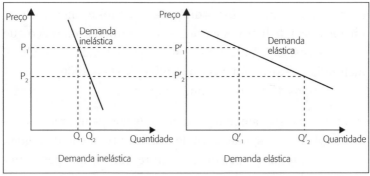

Fonte: Las Casas (2005:194).

Kotler e Keller (2006) afirmam que a posse de produtos exclusivos fará com que os consumidores fiquem menos sensíveis a preço. Nesse caso, o preço pode ser considerado como indicador de *status* do consumidor. O preço indica prestígio social – o consumo de vinhos mais caros, por exemplo, pode indicar seu grau de sofisticação ou de riqueza. Em contrapartida, quanto maior a despesa na aquisição de um produto em relação à renda do adquirente, mais sensível ao preço será o cliente. A consciência de produtos substitutos torna o cliente mais sensível ao preço, porém tal sensibilidade fica menor quando é difícil comparar as ofertas dos concorrentes, quando já se fez um investimento elevado e há necessidade de adquirir produtos correlatos ou, ainda, quando se precisa com urgência do produto que se busca.

Procurar tornar a demanda pelo nosso produto inelástica, investindo na criação de uma imagem de marca forte, embalagem marcante, design impecável, atendimento diferenciado, entre outras decisões, é um objetivo que devemos ter sempre em mente.

Determinação dos custos

De acordo com a demanda, é estabelecido um teto para o preço de um produto. A partir daquele ponto, qualquer aumento de preço resultará em diminuição de vendas. Esse valor monetário é composto pelos custos diretos e indiretos e, em princípio, uma margem de lucro. A empresa deve estipular um preço que cubra os custos de produção, distribuição e venda do produto, incluindo o retorno financeiro (Kotler e Keller, 2006).

Os tipos de custos em uma empresa são:

❑ custos fixos – também chamados de custos indiretos, contemplam as despesas fixas de uma empresa, como aluguel, energia, folha de pagamento, entre outras, independentemente do volume de produção;
❑ custos variáveis – costumam variar de acordo com o nível de produção, ou seja, o número de unidades produzidas;
❑ custos totais: correspondem à soma dos custos fixos mais os custos variáveis;

❏ custo médio: é o resultado da divisão do custo total pela quantidade produzida.

O cálculo do ponto de equilíbrio, também conhecido como *break-even point*, é outro fator importante para a empresa. O ponto de equilíbrio é a determinação da quantidade do produto que deve ser vendida a um determinado preço, para que os custos totais sejam cobertos (Las Casas, 2005). Podemos também dizer que ponto de equilíbrio é a determinação do preço para que as vendas atinjam determinado patamar, que, por sua vez, seja suficiente para cobrir os custos totais.

Na figura 6, é possível compreender a análise que deve ser feita para alcançar o ponto de equilíbrio. O custo fixo é representado por uma linha posicionada de forma horizontal, paralela ao eixo que indica o volume de venda, por manter-se inalterada mesmo quando não há produção. Quando os custos variáveis são somados aos fixos já existentes (custos totais), aumentam gradativamente conforme aumenta a quantidade produzida. Se o custo unitário for decrescente até um ponto máximo, o custo passa a ser maior que o lucro (Las Casas, 2005).

Figura 6
Ponto de equilíbrio

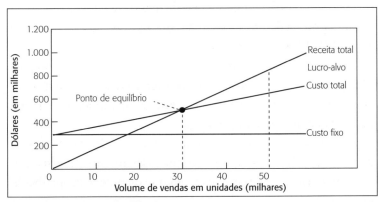

Fonte: Kotler e Keller (2006:442).

Para calcular o ponto de equilíbrio, utiliza-se a seguinte fórmula:

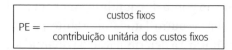

$$PE = \frac{\text{custos fixos}}{\text{contribuição unitária dos custos fixos}}$$

A contribuição unitária é o preço de venda do produto menos seus custos variáveis, assim representada: mc (margem de contribuição) = p (preço) − cv (custo variável). Representa a parcela do preço que está disponível para a cobertura dos custos fixos e para a geração de lucros.

Política de preços

As empresas estão adotando um tipo de determinação de preço baseado no valor. A estratégia é fidelizar o cliente, cobrando preço baixo por produtos de alta qualidade. Mas não se trata de, simplesmente, reduzir preço, e sim de fazer uma reengenharia nas operações da empresa, reduzindo custos de fabricação, de distribuição e preços, a fim de atrair um número maior de clientes que buscam o valor com preço baixo (Kotler e Keller, 2006).

O varejo utiliza duas formas de determinação de preços de valor: a prática de preços baixos todos os dias, ou *every day low price* (EDLP), e de preços "alto/baixo".

Na modalidade "preços baixos todos os dias", o varejista oferece preços baixos sempre e não oferece descontos temporários. Com isso, elimina-se a incerteza de um aumento de preço de uma semana para outra.

Já no caso dos varejistas que adotam a determinação de preços "alto/baixo", são cobrados preços mais altos, alternando-se com períodos de promoção, em que os preços ficam abaixo dos EDLP.

Em ambas as estratégias, os consumidores consideram que sempre que ocorrem muitos descontos (EDLP), o preço é menor do que nas vezes em que os descontos são temporários ("alto/baixo") (Kotler e Keller, 2006).

Métodos de determinação de preços

Existem alguns métodos para determinar o preço, como o método do custo *total-plus*, o *mark-up* e o preço geográfico.

No método do custo *total-plus*, todas as despesas para a execução do projeto são reembolsadas ao vendedor e é adicionado mais um percentual ao valor como pagamento pelos serviços prestados. Um arquiteto, por exemplo, costuma cobrar pelos seus serviços um percentual do custo estimado do projeto que está executando.

Outra forma de assegurar que o preço de venda do produto cobrirá os custos totais é aplicar a técnica do *mark-up* para determiná-lo. O *mark-up* é um percentual padrão acrescentado ao custo total do produto, que indicará o preço de venda (Churchill Jr. e Peter, 2005). O método do *mark-up* é o mais utilizado pelo mercado varejista.

Ao adotar-se a linha de estabelecimento de preço geográfico, inclui-se uma análise específica do valor do transporte, que pode ser, ou não, acrescentado ao preço de venda, como veremos a seguir (Las Casas, 2005):

❏ FOB, da expressão *free on board*, que significa que o transporte é de responsabilidade do comprador, devendo ser pago após o recebimento do material;

❏ CIF, da expressão *cost, insurance and freight*, que significa que o vendedor fica responsável pelos custos de embarque, seguro e frete do produto.

Qualquer que seja a escolha feita pela empresa, dois fatores adicionais deverão ser levados em consideração: o consumidor e a concorrência. A empresa deverá avaliar o prestígio da sua marca, e, consequentemente, se poderá cobrar mais caro, ou se precisará praticar preços mais baixos que a concorrência. Mas precisará considerar, também, a concorrência em si, e os preços por ela praticados, pois, qualquer que seja a percepção do consumidor sobre o posicionamento da empresa, a concorrência estará sendo analisada como fornecedora alternativa. Lembra-se da equação de valor, leitor? Esse é o momento de usá-la.

Praça, ponto de venda ou canais de distribuição

Você, leitor, já procurou um produto e não o encontrou? Qual foi a sua sensação? Teve algum tipo de sentimento com relação a ele ou à sua marca? A distribuição é a forma de se colocar um produto no mercado, tendo em mente que ele deve estar onde o cliente quer encontrá-lo.

Para Kotler e Keller (2006:464), "canais de marketing são conjuntos de organizações interdependentes envolvidas no processo de disponibilizar um produto ou serviço para uso ou consumo". Já para Churchill Jr. e Peter (2005:368), canal de distribuição é "uma rede (sistema) organizada de órgãos e instituições que executam todas as funções necessárias para ligar os produtores aos usuários finais, a fim de realizar a tarefa de marketing". Fazem parte do canal de distribuição os agentes, os atacadistas e os varejistas.

Veja, na figura 7, os tipos de canais que podem ser usados.

Figura 7

CANAIS DE DISTRIBUIÇÃO

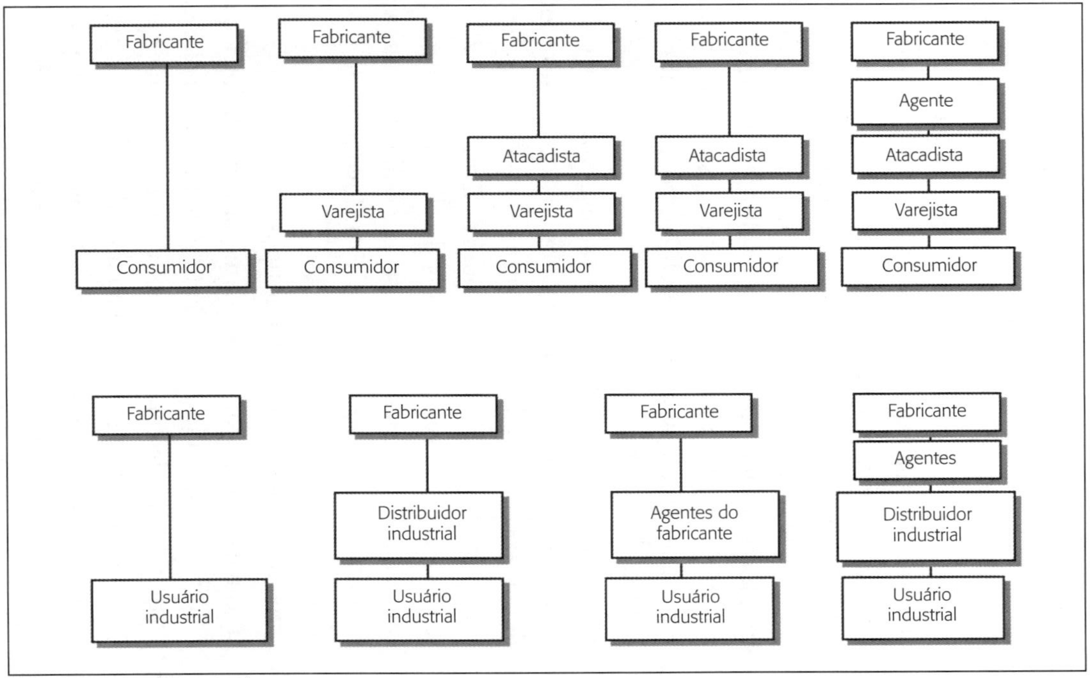

Fonte: Las Casas (2005:216).

Observando a figura, leitor, você possivelmente percebeu que:

❑ canal direto – é o canal fabricante-consumidor. O produtor se responsabiliza pela movimentação do produto até seu consumidor final, sem intermediários. Dessa forma, os esforços de vendas e todas as atividades necessárias para que o produto seja entregue são de responsabilidade do fabricante. Essa alternativa permite que o fabricante exerça maior controle sobre as diversas atividades de marketing. A desvantagem de utilizar o canal direto é a centralização das atribuições no produtor, que podem requerer altos investimentos, que a própria organização deverá assumir. No Brasil, utilizam esse canal empresas como a Dell, a Avon, a Natura, entre outras;

❑ canal curto – é o canal fabricante-varejista-consumidor. É um tipo de canal muito comum entre os fabricantes de produtos de compra comparada. Nele existe um intermediário, ao qual são repassadas as responsabilidades de marketing. Utilizam-se desse tipo de canal empresas de eletroeletrônicos (LG, Samsung, Philips), eletrodomésticos (Philips Walita, Arno) e montadoras de veículos (Ford, Fiat, Toyota, Honda), entre outras;

❑ canal médio – pode ser de dois tipos:
  ❑ canal fabricante-atacadista-varejista-consumidor. É o mais utilizado quando o fabricante procura atingir um grande número de consumidores. Com esse tipo de canal, o distribuidor ou atacadista adquire do fabricante grandes quantidades de produtos a fim de vender aos varejistas em quantidades menores, para, então, o produto estar acessível ao consumidor final. São utilizados por fabricantes de produtos de limpeza e alimentos, como Unilever, Nestlé, Bombril, Brasil Foods, entre outros;

❑ canal fabricante-agente-varejista-consumidor. Difere do anterior, com o agente atuando no lugar do atacadista. Alguns fabricantes optam pelo agente, abrindo mão dos diversos serviços que o atacadista oferece, como financiamentos, transporte e promoção, além das vendas. Por outro lado, esse tipo de canal propicia ao produtor maior controle sobre as vendas, quando comparado àquele em que há a atuação do atacadista. É utilizado por empresas de ferramentas, entre outras;

❑ canal longo – é o canal fabricante-agente-atacadista-varejista-consumidor, o mais longo para distribuição do produto e com potencial para atingir um número ainda maior de consumidores. O agente funciona como intermediário entre o fabricante e o atacadista, porém sem tomar posse do produto, somente atuando em sua venda. As empresas que produzem artigos de conveniência (fósforos, pilhas, velas, palitos de dente etc.) podem adotar essa estratégia.

Quando um fabricante opta por mais de um tipo de distribuição, dizemos que ele adotou uma estratégia de multicanais. A Yakult é um exemplo da utilização dessa estratégia. Ela usa carrinhos de vendas, atuando no canal direto; ao mesmo tempo, utiliza o canal curto (varejista) e o canal médio (atacadista e varejista) para chegar até seu consumidor.

Para as empresas do mercado organizacional, o fabricante pode vender diretamente ao usuário industrial, criando um canal direto, ou vender ao distribuidor industrial, para que este revenda ao usuário industrial; em outros casos, a venda pode ser por meio de representantes (agentes) diretamente ao usuário final ou passando pelos distribuidores industriais antes de chegar ao usuário.

Fabricante

Para efeito de canal de distribuição, consideramos fabricante qualquer produtor de bens e serviços, seja ele pessoa jurídica (empresas, organizações) ou física. Por exemplo: Volkswagen, Whirpol, Unilever, entre outros.

Consumidor final

Podemos considerar que consumidor final é o cidadão que adquire o produto para uso pessoal. São pessoas físicas que adquirem o produto ou serviço para uso próprio.

Agente

Os agentes prestam serviços comissionados, intermediando negócios, e podem se apresentar como corretores, como no caso dos setores de imóveis e seguros. Há também os agentes que fazem a representação comercial e podem trabalhar de acordo com contratos que determinem responsabilidades sobre as vendas (Las Casas, 2005).

Varejo e atacado

Você sabe quais são as diferenças entre varejo e atacado?

Kotler e Keller (2006:500) afirmam que "varejo inclui todas as atividades relativas à venda de produtos ou serviços diretamente ao consumidor final, para uso pessoal e não comercial". Essa visão é compartilhada por Churchill Jr. e Peter (2005:416), que afirmam que o varejista é o "intermediário que vende principalmente para consumidores finais".

Qualquer empresa que venda seus produtos para consumidores finais está praticando varejo, independentemente da forma de como esses produtos são vendidos – se por telefone, pessoalmente, via internet ou por outra forma (Kotler e Keller, 2006). Auxiliando os fabricantes, os varejistas colocam os produtos à disposição dos compradores e podem coletar informações sobre o mercado, colaborando com o fornecimento de dados úteis de pesquisa de mercado e de previsão de vendas. Vale ressaltar outro importante papel que desempenham, ao assumirem riscos, comprando produtos perecíveis ou que podem se tornar obsoletos rapidamente.

Auxiliando os compradores, os varejistas oferecem benefícios ao disponibilizar os produtos em horários ou épocas do ano convenientes, em quantidades menores ou pequenos pacotes, aceitando diversas formas de pagamento, como cartões de crédito ou débito, criando dessa forma valor, do ponto de vista do comprador (Churchill Jr. e Peter, 2005).

Os principais tipos de varejistas, segundo Kotler e Keller (2006), são:

❏ lojas de especialidade – possuem linha limitada de produtos, como aquelas que vendem artigos esportivos, produtos para surfistas ou motociclistas, entre outras;
❏ lojas de departamentos – atuam com diversas linhas de produto, como C&A, Renner, Leader, por exemplo;
❏ supermercados – caracterizam-se pelo autosserviço, trabalham com baixa margem, alto volume, atendem à necessidades de alimentação, higiene pessoal e limpeza;
❏ lojas de conveniência – são pequenas lojas, localizadas próximas a áreas residenciais, com horário de funcionamento diferenciado; apresentam uma gama de produtos de conveniência restrita, além de oferecer lanches, sucos e guloseimas.

As lojas situadas em postos de combustíveis são um bom exemplo;
- lojas de desconto – oferecem poucos serviços aos consumidores, dispõem de produtos padrão, com alto volume, praticando preço e margem baixos. Podemos citar Casas Bahia, Magazine Luiza, Insinuante, Gazin;
- varejistas *off-price* ou de liquidação – oferecem produtos de ponta de estoque e são também conhecidos como os *outlets*;
- superlojas – oferecem produtos que os consumidores costumam comprar e também serviços de lavanderia, chaveiro, conserto de sapatos, assistência técnica de celulares, entre outros;
- showrooms de vendas por catálogo – vendem a preços menores ou com desconto produtos que os clientes escolhem pelo catálogo e retiram na loja.

O varejo sem loja, por sua vez, tem crescido muito e pode ser dividido em quatro categorias principais (Kotler e Keller, 2006):

- venda direta – vendas porta a porta ou em reuniões domiciliares;
- marketing direto – utilizando o telefone, a internet e a venda pessoal;
- venda automática – realizada por meio de máquinas de venda automática;
- serviço de compras coletivas – direito de comprar com desconto de uma lista de varejistas. Geralmente utilizado por grandes empresas como benefício aos seus empregados.

E atacado? Você sabe defini-lo? Veja a seguir.

Conforme Churchill Jr. e Peter (2005:394), atacadista é "a empresa que compra, adquire direitos de propriedade, armazena e revende bens a varejistas e outras organizações". Essa visão é compartilhada com Kotler e Keller (2006:516), que entendem por atacado "todas as atividades relacionadas com a venda de bens ou serviços para aqueles que compram para revenda ou uso comercial".

Os atacadistas são intermediários que compram o produto diretamente do fabricante, em grandes quantidades, para revendê-lo a outro intermediário, como os pequenos varejistas, ou ao usuário industrial, em pequenas quantidades.

Entre suas funções, destacam-se a prestação de serviços, como treinamento em vendas, financiamentos, promoções, assessorias. Os varejistas, ao adquirir dos atacadistas produtos em pequenas quantidades, diminuem seus custos operacionais.

Segundo Las Casas (2005), os principais tipos de atacado são:

- ❏ pague-leve – autosserviço, como o Makro, Assaí, entre outros;
- ❏ *truck-jobber* – vende, entrega e fatura no ato, como os caminhões que entregam bebidas;
- ❏ *drop shipper* – somente vende o produto, sem participar do transporte ou do armazenamento;
- ❏ *rack-jobber* – procura manter as prateleiras dos varejistas permanentemente cheias.

Agente

Os agentes são atacadistas que operam com base em prestação de serviços comissionados, como corretores, representantes comerciais, comissários. Sua função principal é intermediar negociações e são, sobretudo, vendedores da empresa que representam (Kotler e Keller, 2006; Las Casas, 2005).

Dentro do conceito de agentes, podemos destacar a crescente atuação dos brokers. Eles atuam, principalmente, no atendimento ao chamado pequeno varejo: lojas que possuem até 10 caixas registradoras (*check-outs*), como bares, padarias, lojas de conveniência, bancas de jornal, mercadinhos, depósitos e farmácias.

Algumas empresas, como Adria (fabricante de massas e biscoitos), Garoto (produtora de chocolates), laboratório Boehringer (medicamentos) e Votorantin (cimento), utilizam esse elemento do canal de distribuição estrategicamente. Para essas empresas, os brokers driblam as pressões feitas pelas grandes redes de varejo e de atacado para obtenção de redução de preços, são responsáveis pela distribuição, pela entrega e pelo merchandising do produto no ponto de venda e desenvolvem novos pontos de venda (Madureira, 2007).

Tipos de distribuição

Você, leitor, sabe quais são os tipos de distribuição que podem ser adotados pelas empresas? Existem três tipos. Veja a seguir:

❑ distribuição intensiva (vender onde quer que se compre) – procura ampliar ao máximo a cobertura de mercado, com a utilização do maior número possível de pontos de venda. Utilizado para produtos de conveniência (demanda elevada, compra frequente, preço baixo e não há necessidade de serviços pós-venda);

❑ distribuição seletiva (vender onde se vende melhor) – procura selecionar os locais de venda de acordo com o perfil do cliente e o posicionamento do produto. Utilizado para produtos de escolha ou compra comparada, que demandam conhecimentos especializados para venda, cuidados no armazenamento e exposição, têm preços relativamente elevados e necessitam de serviços pós-venda;

❑ distribuição exclusiva (vender onde se controla a venda) – concede a revendedores exclusividade de vendas dos produtos de uma organização. Utilizado para produtos de especialidade (a marca é fundamental), que necessitam de assessoria técnica antes e durante as vendas, bem como de treinamento especial para vendas. Os clientes não se incomodam em deslocar-se para comprar.

Promoção

A capacidade da empresa de comunicar-se com seus clientes facilita a conquista do seu sucesso. Para a obtenção de um resultado positivo, não basta ter um bom produto ou serviço, com o preço justo, disponibilizado ao cliente onde ele gostaria de encontrá-lo. É necessário que a estratégia de comunicação cumpra seu papel de tornar esse produto ou serviço conhecido pelo cliente.

Comunicação de marketing é o meio pelo qual a empresa constrói um canal de relacionamento com o cliente, estabelecendo um diálogo (Kotler e Keller, 2006). Nesse diálogo, a organização informa a seus clientes os benefícios e vantagens dos seus produtos, como funcionam, para que servem, quando e por quem são utilizados. Churchill Jr. e Peter (2005:446) definem comunicação de marketing como "as diversas maneiras pelas quais os profissionais de marketing se comunicam com clientes atuais ou potenciais".

São objetivos da comunicação de marketing: aumentar as vendas, conquistar novos clientes, criar consciência no consumidor da existência do produto ou serviço oferecido, formar imagem positiva, formar relacionamento no canal e reter clientes (Churchill Jr. e Peter, 2005).

As estratégias de promoção são: propaganda, promoção de vendas, relações públicas, merchandising, venda pessoal e marketing direto.

Propaganda

A propaganda é toda forma paga de apresentação impessoal e promocional de ideias, bens ou serviços por uma empresa identificada (Kotler e Keller, 2006). Veja no quadro 5 as principais mídias utilizadas.

Quadro 5
PRINCIPAIS MÍDIAS UTILIZADAS NA PROPAGANDA

Meio	Vantagens	Limitações
Jornais	Flexibilidade, oportunidade, boa cobertura de mercado local, ampla aceitação, alta credibilidade.	Vida curta, baixo nível de qualidade de reprodução, pequeno público circulante.
Televisão	Combina visão, som e movimento, apela para os sentidos, alta repetição, alta cobertura.	Custo absoluto alto, saturação de comunicação elevada, exposição transitória, menor grau de seletividade do público.
Mala direta	Seletividade de público, flexibilidade, ausência de concorrência dentro do mesmo veículo, personalização.	Custo relativamente alto, imagem de "correspondência inútil".
Rádio	Uso da massa, alto grau de seletividade geográfica e demográfica, baixo custo.	Apenas apresentação sonora, menor grau de atenção do que a televisão, tarifas não tabeladas, exposição transitória.
Revista	Alto grau de seletividade geográfica e demográfica, credibilidade e prestígio, alta qualidade de reprodução, longa vida, boa circulação de leitores.	O espaço precisa ser comprado com muita antecedência, certo desperdício de circulação, nenhuma garantia de posição.
Outdoor	Flexibilidade, alto grau de repetição de exposição, baixo custo, baixa concorrência.	Seletividade de público limitada, limitações criativas.
Páginas amarelas	Excelente cobertura local, alta credibilidade, ampla cobertura, baixo custo.	Alta concorrência, o espaço precisa ser comprado com muita antecedência, limitações criativas.
Informativos	Seletividade muitíssimo alta, controle total, oportunidades interativas, custos relativos baixos.	Os custos podem fugir ao controle.

Continua

Meio	Vantagens	Limitações
Brochura/folder	Flexibilidade, controle total, mensagens de maior impacto.	Produção excessiva pode levar ao descontrole dos custos.
Telefone	Muitos usuários, oportunidades de dar um toque pessoal.	Custo relativo alto, a não ser que conte com voluntários.
Internet	Alta seletividade, possibilidades interativas, custo relativamente baixo, *cross-media* funciona, identifica interesses do consumidor.	Audiência limitada em alguns países, audiência crítica, mídia ainda pouco explorada.

Fonte: Kotler e Keller (2006:574).

Promoção de vendas

As ações de promoção de vendas (todas as ações de promoção, inclusive a propaganda) são de curto prazo e têm por objetivo aumentar as vendas. Promoção de vendas é

> um conjunto diversificado de ferramentas de incentivo, a maioria de curto prazo, projetadas para estimular a compra mais rápida ou em maior quantidade de produtos ou serviços específicos, pelo consumidor ou pelo comércio [Kotler e Keller, 2006:583].

As principais ferramentas de promoção de vendas são a distribuição de amostras, cupons, ofertas de reembolso, descontos de preço por tempo determinado, pacotes promocionais (compre 2 e leve 3), brindes, prêmios, demonstrações, concursos, sorteios, jogos promocionais, promoções em pontos de venda.

Relações públicas (RP)

Relações públicas, segundo Churchill Jr. e Peter (2005), relacionam-se à publicidade sem custo e à informação gratuita referente a algum produto ou serviço. A atividade de relações públicas visa ao desenvolvimento de programas para proteger a imagem dos produtos ou serviços de uma empresa, com o objetivo de construir um bom relacionamento entre ela e o público. Pode ser utilizada em lançamentos, reposicionamento ou defesa de produtos, na construção da imagem corporativa de uma empresa e na influência de públicos com os quais a empresa se relaciona, devido à credibilidade da atividade de relações públicas.

As principais ferramentas utilizadas pelas RP são: publicações, eventos, notícias, discursos, atividades de prestação de serviços de interesse público, uniformização da comunicação interna e externa.

Merchandising

Segundo a Associação Americana de Marketing – AMA (apud Las Casas, 2005:257), merchandising é a colocação de um produto no mercado, levando-se em consideração o lugar, o tempo, as quantidades e o preço certos. Entre as atividades de merchandising é possível citar a correta exposição dos produtos (merchandising de ponto de venda); a verificação dos níveis de estoques, preços, data de validade e condições dos produtos expostos no ponto de venda; o treinamento dos promotores nos locais de distribuição e a comunicação apropriada no ponto de venda (Caldeira da Silva apud Las Casas, 2005).

Vendas pessoais

A venda pessoal é considerada uma das ferramentas mais eficientes de comunicação de marketing, pois envolve a comunicação direta com os clientes por meio de um vendedor, que poderá adaptar a mensagem a ser transmitida de acordo com as necessidades específicas de cada cliente, além de obter um retorno imediato de sua comunicação (Churchill Jr. e Peter, 2005). A venda direta é a força da relação entre equipe de vendas e consumidores, que interagem o tempo todo. Churchill Jr. e Peter (2005) afirmam que a boa força de vendas cria valor tanto para clientes quanto para seus empregadores, uma vez que é o canal direto entre ambos a principal fonte de informação sobre cliente, mercado e concorrentes. Envolve planejamento, organização, direção e controle da equipe de vendas.

Marketing direto

Mala direta, catálogos, telemarketing, sites, quiosques, TV interativa e outros dispositivos móveis são formas de marketing direto. Podemos dizer que "marketing direto é o uso de canais diretos para chegar ao consumidor e oferecer produtos ou serviços sem intermediários de marketing" (Kotler e Keller, 2006:606).

Comunicação integrada de marketing (CIM)

Comunicação integrada de marketing é a combinação de todas as estratégias de comunicação com o objetivo de obter maior impacto junto ao mercado. É importante que todas as ferramentas comuniquem a mesma mensagem.

Os objetivos da CIM são: criar consciência junto aos clientes, formar imagens positivas, identificar clientes potenciais, formar relações com o canal e manter clientes.

Conhecer os clientes – seus hábitos, práticas e desejos – é fundamental para o sucesso da CIM. Além disso, a segmentação de mercado é importante para o processo. Saber o tamanho do mercado, sua localização e suas características ajudará na escolha do melhor composto de comunicação.

Below the line

A estratégia de comunicação denominada *below the line*, ou abaixo da linha, refere-se a toda comunicação que não utiliza mídia de massa. Não são utilizados televisão, rádio, jornal, revistas, cinema, internet ou outdoor. Essas ações estão intimamente ligadas às ações promocionais e atraem cada vez mais investimentos das empresas. Estão focadas no marketing direto, nas promoções de vendas e no merchandising de ponto de venda (PDV). Isso ocorre pelo fato de o consumidor cada vez mais decidir pela compra no momento em que ela é realizada. É importante conhecer todas as ferramentas e combiná-las, sempre tendo em vista o comportamento do consumidor, procurando satisfazer suas necessidades e desejos. Não existem fórmulas para isso. Usa-se a criatividade.

Usando como referência o ciclo de vida do produto, podemos destacar algumas ações de comunicação abaixo da linha:

(a) produtos na fase de introdução:

❑ situação de mercado: produto desconhecido, sem imagem, poucas vendas, distribuição limitada a poucos distribuidores, sem lucro, necessita de altos investimentos em comunicação para torná-lo conhecido;

❑ esforços de marketing: utilizar estratégia de comunicação integrada, torná-lo conhecido, ampliar vendas, provocar aceitação no consumidor, ampliar distribuição criando pontos de venda, estabelecer a imagem do produto, posicionar o produto na mente do consumidor;

❑ ações *below the line*: demonstrar o produto ou serviço, promover experimentação do produto, buscar destaque no PDV, estabelecer preços promocionais, estimular vendedores a vender o produto, convencer distribuidores a ter o produto;

(b) produtos na fase de crescimento:

- ❏ situação de mercado: produto ainda pouco conhecido, imagem crescente, vendas começam a aumentar, distribuição ampliada com o aumento do número de PDV, produto começa a proporcionar lucro, mas necessita ainda de altos investimentos em comunicação, surgimento de concorrentes;
- ❏ esforços de marketing: sedimentar imagem da marca, complementar conhecimento do produto, ampliar e totalizar o volume de vendas, ocupar mercado aumentando a participação, combater os concorrentes, completar distribuição aumentando o número de PDV e fazer propaganda e promoção;
- ❏ ações *below the line*: demonstrar o serviço ou produto, promover experimentação do produto, realizar ações com benefícios adicionais aos clientes, buscar destaque nos PDV, criar embalagens promocionais e conquistar novos distribuidores;

(c) produtos na fase de maturidade:

- ❏ situação de mercado: imagem do produto sedimentada, marca conhecida, as vendas ficam estabilizadas, distribuição completa com todos os tipos de distribuidores possuindo o produto, concorrentes ficam mais agressivos, o mercado está ocupado, surgem novas tecnologias e o produto começa a correr riscos de envelhecimento;
- ❏ esforços de marketing: tentar manter participação de mercado, buscar revitalizar imagem, mostrar novos usos (como a colocação de receitas novas nas embalagens), novos usuários (como o xampu Johnson, que afirma que se é bom para o bebê é bom para a mamãe), combater concorrentes, criar canais de PDV alternativos, manter

margem de lucro, buscar novos mercados ou públicos, modificar e ampliar linha de produtos;

❑ ações *below the line*: realizar ações de concursos e sorteios, promover experimentação no PDV, estimular novas formas de consumo, receitas, desenvolver *banded-pack* (quando se juntam dois ou mais produtos na mesma embalagem, sendo um deles de interesse real do consumidor e os outros apresentados como brindes), desenvolver programas de incentivo para vendedores, exposição promocional no PDV, buscar novos canais alternativos para a venda dos produtos;

(d) produtos na fase de declínio:

❑ situação de mercado: vendas em queda forte, queda da imagem, produto torna-se obsoleto para o cliente, perda de participação de mercado, queda rápida dos lucros;

❑ esforços de marketing: preparar substituição, desovar estoque da empresa, procurar fazer caixa geralmente diminuindo o preço;

❑ ações *below the line*: reduzir preço, bonificar canal pela compra dos produtos, oferecer descontos para o canal pela quantidade comprada. Outra ferramenta importante na estratégia, e cada vez mais utilizada pelas organizações, é a internet. A utilização de redes sociais para comunicar-se com os clientes aumenta a cada dia nas empresas. O uso das redes sociais permite que o cliente participe mais, com maior aproveitamento da inteligência coletiva, estimula a colaboração e a interação e pode permitir a geração de conteúdo pelos clientes. São exemplos dessa tecnologia o Linux, a votação no Big Brother Brasil pela Rede Globo de Televisão, a escolha do símbolo dos Jogos Pan-Americanos realizados no Rio de Janeiro e a Wikipédia, enciclopédia desenvolvida com a colaboração de internautas. Destacamos algumas redes muito utilizadas pelas empresas: YouTube, Facebook, LinkedIn, MySpace e Twitter, que foram abordadas no capítulo anterior.

Neste capítulo, tratamos do conceito de valor e sua equação que, quando bem-aplicada, leva ao sucesso mercadológico. Apresentamos os conceitos que permitem o desenvolvimento de estratégias de marketing que a empresa pode utilizar em seus produtos e serviços, a partir do composto de marketing, ou marketing mix. Ressaltamos a importância de as decisões de marketing serem integradas, isto é, o esforço de marketing da empresa deve envolver, concomitantemente, decisões de produto, preço, distribuição e promoção.

Como você deve ter observado, o campo de atuação do marketing tem muitos pontos de contato com outras áreas da empresa. É preciso que esse contato se dê de forma harmônica, sem disputas. No próximo capítulo veremos, entre outros assuntos, como fazer as áreas de marketing e de vendas atuarem em sinergia e como quantificar as estratégias e táticas. Vamos lá?

3

Ações integradas de marketing e vendas

No capítulo anterior, vimos que as estratégias de marketing baseiam-se na correta aplicação do composto formado por produto, preço, praça e promoção, também conhecido como marketing mix. Vimos também que o valor para o cliente é em função dos benefícios percebidos e dos custos incorridos. Verificamos que, por sua natureza, o marketing deve atuar em consonância com as diversas áreas da empresa.

Mas você, leitor, como a maioria dos profissionais no mercado, deve estar se perguntando onde começam e terminam as atribuições dos profissionais de marketing e as do pessoal de vendas. Deve estar curioso para saber quem cuida da marca e quem desenvolve serviços. Deve ter interesse em conhecer as métricas usadas para avaliar o desempenho. É disso que vamos tratar neste capítulo. Está pronto para começarmos?

Marketing e vendas

Na maioria das empresas médias e pequenas, brasileiras ou não, as atividades de marketing e de vendas se confundem. A carência de pessoal e de outros recursos alocáveis às respectivas atividades – entre os quais os financeiros têm relevância – faz com que a área usualmente denominada comercial assuma as responsabilidades por todas as ações voltadas para o mercado. Isso acontece independentemente de se tratar de um departamento, uma gerência ou uma diretoria.

Embora a prática seja muito comum, ela tem suas deficiências. Geralmente, os profissionais que lideram as chamadas áreas comerciais das empresas são bons vendedores que foram promovidos a gestores. Você provavelmente conhece várias situações em que bons profissionais não se mostraram bons gestores. Mas o bom vendedor consegue continuar produzindo resultados, usando seu talento e a capacidade da sua equipe, o que faz com que seja difícil propor mudanças ou adequações que limitem o poder da equipe comercial. Por outro lado, é função da equipe de vendas transformar o produto ou serviço em recebíveis para a empresa. E isso precisa acontecer com frequência diuturna. Com isso, ações de médio e longo prazos, que são comuns em marketing, tendem a ser relegadas a um segundo plano. E o foco passa a ser centrado em ações de vendas.

Em algumas empresas médias, e em boa parte das grandes, as áreas de marketing e de vendas têm equipes e comandos independentes, atuando de forma autônoma. Na maioria dos casos em que isso acontece, verifica-se uma disputa pelo poder. Todos querem ter a primazia na definição das ações voltadas para o mercado. Você possivelmente conhece casos assim, ou já ouviu relatos dessa natureza. Existe uma cultura de disputa entre marketing e vendas.

Qual seria a alternativa a adotar nesses casos? É fato que nenhum plano de marketing terá sucesso sem o apoio e o engajamento da equipe de vendas. Em contrapartida, uma orientação voltada exclusivamente para vendas pode levar a empresa a ignorar tendências de mercado, focar apenas nos resultados factíveis no curto prazo e administrar oportunidades à medida que se tornem evidentes para todos os concorrentes. Ou seja, o atendimento à demanda existente em cada momento passa a ser o objetivo maior. Essa prática é geralmente danosa aos interesses da corporação no médio e no longo prazo.

O suporte que a equipe de marketing pode dar à de vendas, por meio da utilização de ferramentas de promoção, desenvolvimento de material de apoio e de material publicitário, bem como de malas diretas, telemarketing e e-mail marketing, é sempre bem-vindo. As dificuldades no relacionamento entre os grupos começam a aparecer quando a equipe de marketing passa a executar tarefas cujo retorno exige um período de tempo maior, tais como segmentação de mercado e posicionamento. Nesse momento, o ritmo das duas equipes sai de sincronia. O pessoal de marketing passa a considerar o de vendas extremamente imediatista, enquanto o de vendas passa a questionar a eficácia das estratégias propostas pelos colegas de marketing. A equipe de marketing quer estabelecer preços de forma a alcançar o maior retorno, enquanto a de vendas prefere preços que ajudem a alavancar negócios.

Qual é a solução, caro leitor? Seguramente, a cooperação entre as áreas. Os responsáveis pelas estratégias e táticas de marketing trabalham com o composto mercadológico (marketing mix). Veja, a seguir, como ele tem interfaces com diferentes áreas das empresas.

Tomemos como exemplo o lançamento de um novo produto. A área de marketing pode pesquisar o mercado e antecipar uma tendência. No entanto, deve discutir com a área técnica ou de produção a exequibilidade do projeto. Terá a empresa capacidade técnica para realizar o lançamento? Terá acesso a fornecedores dos insumos necessários, dentro das especificações pretendidas? Dispõe de capacidade instalada para atender a uma demanda realista? Conta com profissionais de produção treinados? Qual é a percepção da área técnica sobre a ideia? Que dificuldades podem ser antecipadas? Essas são algumas das respostas que a equipe de marketing deve buscar junto à equipe de produção, a fim de envolvê-la no projeto.

Outra área a ser consultada pela equipe de marketing é a financeira. Há recursos financeiros disponíveis para o projeto? Em caso afirmativo, a que custo? Qual é o retorno esperado? Que tipo de preço deve ser praticado? A tomada de decisão sobre a forma de determinar o preço de venda, quando compartilhada com outros setores da empresa, compromete-os com as estratégias e, consequentemente, com os objetivos.

A área de logística e distribuição pode dar grandes contribuições ao projeto, apresentando levantamentos de custos dos diversos canais, verificando a disponibilidade de fornecedores e de canais de distribuição nas diferentes regiões e disponibilizando outras informações com relação tanto à compra e recebimento de insumos quanto à distribuição dos produtos.

Por fim, a cooperação com a equipe de vendas é fundamental. Que opinião o grupo tem sobre o produto proposto? Acredita no projeto? Caso a resposta seja negativa, qual é a justificativa? Que atributos sugere introduzir ou modificar? Que público atender e quais as suas necessidades? Que posicionamentos poderiam ser desenvolvidos? Que faixa de preço deve ser praticada? Como esse posicionamento e o preço se relacionam? Qual o volume de vendas estimado? A equipe de vendas está preparada e disponível para o esforço que se fará necessário? Que tipo de promoção deve ser desenvolvido?

As respostas de todas as áreas devem ser levadas em consideração e os feedbacks com relação ao que foi decidido, a partir das contribuições, devem ser encaminhados àqueles que colaboraram com o projeto.

Integração entre marketing e vendas

Kotler, Rackham e Krishnaswamy (2006:46), em seu artigo sobre o tema, intitulado "O fim da guerra entre marketing e vendas", publicado na edição de julho de 2006 da *Harvard Business Review*, definem quatro tipos de relacionamento entre marketing e vendas. São eles:

- ❏ indefinido – vendas e marketing atuam de forma independente, cada qual tratando das tarefas inerentes à sua atividade;
- ❏ definido – os dois grupos criam processos e normas para evitar atritos. As áreas de atuação ficam bem-delimitadas;
- ❏ alinhado – há fronteiras claras, mas flexíveis. Promovem treinamento e planejamento em conjunto e usam linguagem semelhante;
- ❏ integrado – as fronteiras deixam de existir e os grupos passam a partilhar as mesmas estruturas, sistemas, recompensas, bem como o sucesso ou o fracasso.

Ainda nesse artigo, os autores propõem uma ferramenta para avaliar o grau de alinhamento e de integração entre os departamentos de marketing e de vendas. Nesse instrumento são apresentadas 20 afirmações. O avaliador deve atribuir pontuação da seguinte forma: 1 ponto se discorda totalmente; 2 pontos se discorda parcialmente; 3 pontos se está neutro com relação à afirmação; 4 pontos se concorda parcialmente; 5 pontos se concorda plenamente. O quadro 6 é uma adaptação da ferramenta proposta pelos citados autores.

Quadro 6
INTEGRAÇÃO ENTRE MARKETING E VENDAS

Afirmações	Pontuação
Nossas cifras de vendas em geral são próximas do projetado.	
Se algo vai mal ou os resultados decepcionam, um departamento não joga a culpa no outro.	
O pessoal de marketing costuma se reunir com clientes importantes durante o processo de vendas.	
O marketing solicita a participação de vendas para esboçar o plano de marketing.	
Nosso pessoal de vendas julga o material de apoio do marketing uma ferramenta valiosa para obter mais vendas.	
A força de vendas oferece de bom grado o feedback solicitado pelo marketing.	
Há na empresa um grande vocabulário comum a vendas e marketing.	
Os chefes de vendas e de marketing conversam regularmente sobre questões estratégicas, como geração de ideias, sondagem de mercado e desenvolvimento de produtos.	
Vendas e marketing trabalham em íntima colaboração para definir o comportamento de compra do segmento.	
Quando se reúnem, vendas e marketing não precisam gastar muito tempo solucionando disputas e administrando crises.	
Os chefes de vendas e marketing trabalham juntos no planejamento de produtos e serviços que só serão lançados em dois anos ou mais.	
Discutimos e usamos métricas comuns para determinar o sucesso de vendas e marketing.	
O marketing participa ativamente da definição e da execução da estratégia de vendas para contas importantes.	
Vendas e marketing administram suas atividades usando canais, processos ou funis administrativos desenvolvidos em conjunto e que englobam toda a cadeia de negócios – da sondagem inicial do mercado ao serviço ao cliente.	
O marketing contribui consideravelmente para a análise de dados do funil de vendas e para o uso desses dados para melhorar a previsibilidade e a eficiência do funil.	
Vendas e marketing partilham uma forte cultura do "sucesso ou fracasso juntos".	
Vendas e marketing são subordinados a um único diretor de receita, diretor de cliente ou executivo equivalente de nível de diretoria.	

Continua

Afirmações	Pontuação
Há um intercâmbio considerável de profissionais entre vendas e marketing.	
Vendas e marketing criam e executam em conjunto programas de treinamento, eventos e oportunidades de aprendizado para as respectivas equipes.	
Vendas e marketing participam ativamente do preparo e da apresentação de planos do outro à cúpula executiva.	
Total	
1 Discordo totalmente | 2 Discordo parcialmente | 3 Neutro | 4 Concordo parcialmente | 5 Concordo plenamente.	

Fonte: Adaptado de Kotler, Rackham e Krishnaswamy (2006).

As pontuações atribuídas devem ser somadas. Resultados entre 20 e 39 pontos indicam equipes com relacionamento indefinido. Somatórios com pontuação entre 40 e 59 pontos indicam situação de definição no relacionamento. Totais entre 60 e 79 pontos sugerem equipes com relacionamento em estágio de alinhamento. Por fim, avaliações com resultados entre 80 e 100 apontam equipes com relacionamento integrado. Como você pode perceber, leitor, as pontuações mais baixas indicam situações quer de estresse, quer de falta de colaboração entre marketing e vendas. As pontuações mais elevadas indicam relacionamentos extremamente colaborativos entre as áreas, como é desejável.

Kotler, Rackham e Krishnaswamy (2006:51) apresentam, ainda, o modelo convencional do funil de compra típico, que pode ser visto na figura 8. Segundo os autores, o marketing foca atividades estratégicas, "gera preferência pela marca, cria um plano de marketing e cria leads para vendas, antes de entregar a execução e o acompanhamento a vendas". As etapas de responsabilidade do marketing seriam, portanto: conscientização do cliente, conhecimento da marca, consideração da marca e preferência pela marca.

Figura 8
FUNIL DE COMPRA

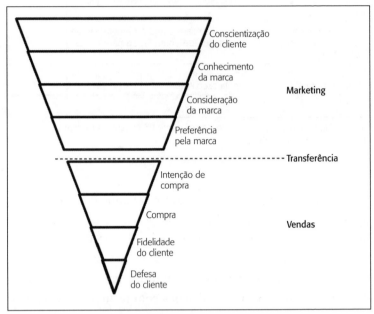

Fonte: Kotler, Rackham e Krishnaswamy (2006:51).

No entendimento de Kotler, Rackham e Krishnaswamy (2006), o modelo tradicional responsabiliza vendas pelas seguintes etapas: intenção de compra, compra propriamente dita, fidelidade do cliente e defesa do cliente, ou seja, a transformação do cliente em defensor da marca, seus produtos e serviços. Destacam ainda que entre as responsabilidades de vendas nesse modelo tradicional estão: prospecção, definição de necessidades, preparação e apresentação de propostas e negociação de contratos. Os autores ressaltam que esse modelo mantém as duas equipes em territórios distintos, com pouca interface operacional.

Dentro de uma ótica de gestão mais moderna, algumas providências podem ser adotadas no sentido de promover maior integração entre as equipes de marketing e de vendas. Todas elas passam pelo desenvolvimento de um trabalho conjunto, a fim de:

- analisar as oportunidades de mercado;
- avaliar as necessidades do público-alvo;
- desenvolver produtos ou serviços adequados;
- gerar proposta de valor para diferentes públicos;
- definir metas de vendas;
- aprovar material publicitário.

Adicionalmente, outras ações podem ser implementadas, como:

- definir métricas comuns;
- adotar sistemas de gerenciamento e de monitoramento das atividades conjuntas;
- utilizar e atualizar dados comuns, bem como premiar iniciativas de sucesso compartilhadas.

Kotler, Rackham e Krishnaswamy (2006:51) dão ênfase ao fato de terem constatado, na sua pesquisa, que os melhores exemplos de integração entre marketing e vendas estavam em empresas

> que já prezavam a divisão de responsabilidades e o planejamento disciplinado; que eram movidas a métricas; que vinculavam recompensas a resultados; e que eram administradas através de sistemas e processos.

Como você pode concluir, caro leitor, a maior mudança a ser implementada para que haja efetiva integração entre marketing e vendas é cultural.

Marca

Tendo chegado até este ponto, você deve estar curioso em saber onde a gestão da marca estaria incluída nesse processo. Sua indagação é absolutamente apropriada. Vamos aprofundar esse tema?

A American Marketing Association –AMA (apud Kotler e Keller, 2006:269) define marca como

> um nome, termo, sinal, símbolo ou design, ou uma combinação de tudo isso, destinado a identificar os produtos ou serviços de um fornecedor ou grupo de fornecedores para diferenciá-los de outros concorrentes.

A partir dessa definição, você pode verificar que existem algumas marcas genuinamente brasileiras e de valor. Podemos citar, no que se refere a produtos, campeãs nacionais, como Natura, Havaianas, Bombril e Skol, entre outras. Já no que se refere a serviços, são destaque, entre outras, as seguradoras Porto Seguro e Sul América, os bancos Bradesco, Banco do Brasil e Itaú, as empresas aéreas Tam e Gol, e, na área da saúde, a Amil e a Unimed.

Ao desenvolver uma marca, o gestor deve focar diferenças significativas, perceptíveis ao consumidor, quando um produto, serviço ou fornecedor é comparado com seus concorrentes. As diferenças podem estar relacionadas aos atributos propriamente ditos ou às motivações e desejos que movem o consumidor. Elas devem permitir que o interessado avalie as alternativas a partir do conhecimento que tem de cada produto, serviço ou fornecedor, para que possa tomar sua decisão de forma consciente com relação ao valor percebido em cada alternativa.

A verdade é que o número de marcas no mercado hoje é enorme, e fica mais difícil, a cada dia, conhecer e acompanhar propostas de desempenho daquelas nas quais poderíamos ter interesse. O mercado, na era digital em que vivemos, exige um nível de exposição, de interação com o consumidor e de criatividade para apresentar sempre algo surpreendentemente interessante, o que torna o trabalho dos gestores de marcas árduo e desafiador. A inovação e a criatividade assumem papel de destaque nas estratégias empresariais em geral, e nas de marketing em particular.

Além dos canais tradicionais de exposição, é preciso desenvolver ações específicas para o universo digital de conteúdo compartilhado, como YouTube, Orkut, Twitter e Facebook, onde mensagens criativas fazem sucesso com grande rapidez e alcance, mas perdem força numa velocidade impressionante, com a sensação de algo já visto e experimentado, sem novidade. O consumidor tem um nível de exposição à informação, com rapidez instantânea, que lhe permite desfrutar da sensação de ser provedor de conteúdo ele mesmo, embora esteja simplesmente repassando o que recebeu. Isso faz com que ideias, textos e peças publicitárias sobre os quais já ouviu falar, sem jamais a eles ter tido acesso, lhe pareçam coisa antiga. Que a marca Volvo oferece expectativa de segurança em automóveis já é lugar-comum; o consumidor espera ser surpreendido, a cada dia, com uma forma diferente e criativa de expressar essa mensagem. Some-se a isso o fato de a admiração das pessoas pelas marcas ter também se tornado efêmera, em função do bombardeio de informações que destrói reputações e constrói imagens em períodos reduzidos de tempo, criando grande volatilidade no mercado.

Gerzema, Lebar e Stringham (2009) listam três fatores que contribuem fortemente para a criação do que chamam de "energia da marca", englobando uma experiência emocionante, dinâmica e criativa. De forma sucinta, são eles:

- a visão de valor e prestígio que a marca apresenta aos consumidores, geralmente em função de uma posição privilegiada de mercado;
- o grau de inventividade percebido por meio de ações de inovação, pelo design e pelo conteúdo dos produtos e serviços;
- o dinamismo transmitido por meio de ações de marketing e de outras formas de interação, gerando emoção e lealdade.

Para avaliar uma marca, esses autores defendem que sejam levados em consideração três aspectos: a reputação, a força e a relevância. A reputação da marca avalia a situação presente no que se refere à estima (percepções de qualidade e lealdade) e conhecimento (da marca e experiência com ela). A força, por sua vez, indica o potencial de crescimento da marca através da relevância (percepção dos consumidores sobre o quanto a marca é adequada para eles) e diferenciação (o significado único da marca para cada consumidor). É um indicador de tendência e sinalizador de mudanças. A relevância sofre influência direta da oferta (características especiais dos produtos e serviços), da natureza única (posicionamento e essência) e da distinção (imagem criada pela publicidade).

Ainda segundo os mesmos autores, três grupos de atributos conferem energia às marcas. São eles:

- visão – possui uma direção e um ponto de vista claro sobre o mundo. Inspira consumidores;
- pode ser traduzida por meio da inovação, da iconografia, do design da embalagem, da tecnologia utilizada, do ambiente do varejo e do serviço ao cliente. Baseia-se em inovação constante, excelência em serviços e novas formas de experiência com a marca;
- dinamismo – estimula a afinidade do consumidor com a marca. Em geral, é fruto de campanhas publicitárias, da

visibilidade no mercado e de eventos de marketing. Produz imagem, percepção de grupo e fidelização, além de favorecer divulgação do tipo boca a boca;

❏ inventividade – por suas ações, muda a forma como as pessoas se sentem e se comportam [Gerzema, Lebar e Stringham, 2009:3].

Dessa maneira, qual é o roteiro a ser trilhado para a construção de marcas vencedoras? Veja a seguir, caro leitor.

Existe diferença relevante entre os serviços oferecidos pelas grandes companhias aéreas no Brasil hoje? Sinceramente, não. Mas alguns passageiros preferem a Tam, por exemplo; outros, a Gol.

Peter Cheverton (2007:18) destaca que o estímulo emocional os leva a perceber diferenças. O estímulo emocional pode estar baseado na:

❏ expressão social da marca – o consumidor, ao usá-la, passa a fazer parte de um determinado grupo, o de pessoas bem-sucedidas, por exemplo. Leva os usuários a serem aceitos, amados. São exemplos de empresas que desenvolvem propostas baseadas na expressão social da marca o shopping Cidade Jardim, em São Paulo; a loja Magrela, em Brasília; a marca de carros Ferrari; as joalherias H. Stern e Tiffany, e os produtos Louis Vuitton;

❏ satisfação ou prazer no uso – satisfaz o consumidor, quer com qualidade, quer com preço, quer com adequação ou, ainda, com um mix deles. Têm esse apelo os hotéis Formule, do grupo Accor; o supermercado Carrefour e, ainda hoje, a companhia aérea Gol, pelo baixo preço praticado;

❏ promessa de desempenho – o consumidor recebe o que realmente espera. A Whirpol costuma promover as geladeiras, freezers e lavadoras de roupas de uma das suas marcas informando que "só a Brastemp é uma Brastemp", bem como a Bayer comunica que "se é Bayer, é bom". O jornal *A Tarde*, da Bahia, costuma veicular que "saiu na Tarde, é verdade";

❏ garantia de autenticidade – facilita a escolha do consumidor. "Sandálias Havaianas são as únicas que não têm cheiro e não soltam as tiras", lembra-se? O formato da garrafa da Coca-Cola evidencia mundialmente que o conteúdo não é um refrigerante qualquer, e sim o autêntico. O mesmo vale para os arcos dourados do McDonald's e as fachadas das agências do Bradesco Prime e do Itaú Personnalité.

Cheverton (2007:25) destaca que nem sempre o estímulo emocional mais elevado deve ser o escolhido pela empresa. A decisão deve levar em consideração as limitações da própria marca e os recursos disponíveis. A equação inclui:

❏ a atividade da marca – o que está sendo feito e o que pode ser feito para a construção ou manutenção da marca, incluindo propaganda, patrocínios e ações de relações públicas;

❏ a interação com o cliente – como os clientes se relacionam com a marca, incluindo uma interação cada vez mais complexa, que não deve estar restrita apenas ao momento da compra, do uso ou do feedback por parte do cliente. Deve fazê-lo lembrar-se da marca no maior número possível de ocasiões.

Peter Cheverton (2007:38) sugere ainda que a personalidade de uma marca seja estudada. Para tanto, propõe que sejam pesquisados clientes atuais e potenciais, pedindo-lhes que associem a marca a pessoas, a partir de uma lista como a apresentada a seguir:

- ator de cinema;
- comediante;
- leitor de jornal;
- político;
- esportista;
- escritor;
- celebridade da televisão;
- apresentador de televisão.

Propõe, ainda, que se procure saber a percepção sobre a marca:

- Masculina ou feminina?
- Idade?
- Orientação política?
- Religião?
- Estado civil?
- Estado de saúde?
- Reação a estresse e a crises?

Por fim, e ainda com o mesmo objetivo, sugere indagar, do consumidor atual ou potencial, se:

- encontra na marca o que procura;
- o que encontra está próximo o bastante do que procura;
- há lacunas a serem preenchidas.

Trout (2010:153) destaca que

uma marca de sucesso precisa representar algo. E quanto mais variações você ligar a ela, maior o risco de ela não representar nada. Isso acontece quando aquilo que se acrescenta entra em conflito com a percepção.

Adiante, no mesmo texto, Trout é taxativo ao afirmar que "não se pode ser tudo para todos e, quanto mais se tentar, mais se arrisca a afundar o barco".

Trout (2010:162) destaca que, para ganhar eficiência de custos e aceitação comercial, muitas vezes as empresas se dispõem a perder o foco das marcas. Equivocadamente, trabalham uma marca que representa um determinado tipo de produto ou de ideia, levando-a a representar vários tipos diferentes, geralmente por meio de extensões de linha. "Quanto mais variações você associa à marca, mais a mente perde o foco".

O mesmo princípio vale, segundo Trout (2010:160), para as associações de marcas a celebridades: "Marcas bem-sucedidas precisam ter uma ligação direta com a celebridade. Essa ligação precisa fazer sentido para o cliente potencial". Usar esportistas de sucesso nas suas atividades para vender calçados esportivos faz sentido. O mesmo vale para celebridades bebedoras de cerveja, para citar um caso brasileiro que gerou muita polêmica há alguns anos. A associação da imagem de determinado cantor a duas marcas distintas, em momentos também distintos, fez sentido na cabeça do consumidor. O desfecho do episódio, com o cantor declarando-se fiel à segunda marca, foi lamentável. Ou seja, a associação da marca a uma celebridade pode até prejudicar, caso esta venha a se envolver ou criar situações embaraçosas. O risco é proporcionalmente maior quando a associação se dá com personalidades públicas que não são conhecidas por terem o hábito de consumir os produtos em questão.

Métricas de marketing

Num mundo cada vez mais competitivo, acompanhar a execução de estratégias e de táticas, avaliando-lhes o desempenho, é tarefa fundamental. O marketing visto como arte de talentosos deu lugar ao marketing encarado como ciência. Os profissionais do setor têm notado uma crescente pressão no sentido de propor, sempre a partir de dados, e acompanhar a execução dos seus planos a partir de métricas predefinidas que permitam quantificar os resultados. O rigor na elaboração e na execução dos orçamentos é cada vez maior.

Segundo Farris e colaboradores (2007:15), "métrica é um sistema de mensuração que quantifica uma tendência, uma dinâmica ou uma característica". E acrescentam os autores:

> No mundo da ciência, dos negócios e do governo, as métricas estimulam o rigor e a objetividade. Elas tornam possível comparar observações entre regiões e períodos de tempo. Elas facilitam a compreensão e a colaboração.

Atribui-se a Lord Kevin, físico britânico nascido em 1891, a conhecida afirmação: "Se você não consegue medir, não consegue administrar". Pode-se questionar, mas não se pode deixar de concordar com a importância que os controles têm na gestão eficiente.

Entretanto, muitas métricas são complexas, dificultando seu entendimento à primeira vista. Algumas são altamente específicas. Os dados disponíveis, por sua vez, podem ser difíceis de conseguir ou, eventualmente, podem ter sido coletados para outros fins, apresentando-se incompletos ou apenas aproximados. Essas constatações desestimulam alguns profissionais de marketing, que preferem manter-se distantes das métricas. Para minimizar o desconforto e atingir o melhor resultado, Farris e colaboradores (2007) propõem que seja usado um conjunto de métricas elencadas de forma que uma corrobore a informação da outra, funcionando como uma espécie de auditoria de resultados, maximizando-lhes a precisão, transformando-se em linguagem usada para reunir equipes e padronizar esforços.

Usando como base o texto de Farris e colaboradores (2007), vamos apresentar, a seguir, algumas formas de quantificar estratégias, táticas e o esforço de marketing em geral.

Métricas para acompanhamento de mercado

A definição do mercado é o ponto de partida para a elaboração dessas métricas, bem como para o acompanhamento dos resultados. Mercados definidos de maneira muito ampla podem distorcer resultados, diluindo-os. Quando definidos de maneira muito estreita, arrisca-se a perder oportunidades. Farris e colaboradores (2007:32) sugerem trabalhar simultaneamente com várias definições alternativas, considerando-se clientes, concorrentes, áreas geográficas, canais de vendas e períodos de tempo, entre outras.

Para acompanhar a participação em mercados, em corações e mentes, segundo Farris e colaboradores (2007:26-30), destacamos as seguintes métricas que podem ser desenvolvidas:

❑ participação de mercado – dividem-se as vendas da empresa, consideradas em número de unidades ou em receita, respectivamente pelas vendas totais do mercado, em número de unidades ou em receita. Ao fazer essa análise, verifica-se se a empresa está crescendo pelo crescimento natural do mercado ou pela incorporação de novos clientes à sua carteira. Esse é o principal indicador da competitividade empresarial;

❑ participação de cada mercado por receita – divide-se a receita de vendas da empresa naquele mercado pela receita total de vendas da empresa. Essa métrica tem por objetivo mensurar a competitividade;

❑ participação de mercado relativa – divide-se a participação de mercado da empresa, dos seus produtos ou serviços, pela participação de mercado do seu maior concorrente.

Pode-se usar tanto número de unidades vendidas quanto receita. O objetivo dessa métrica é avaliar a força de mercado comparativa;

❑ penetração de mercado – divide-se o número de compradores de um produto, ou de uma categoria de produtos, pelo número de indivíduos da população total. Baseia-se o cálculo no número de indivíduos, tornando irrelevantes dados relativos a unidades e receita. Com isso, mede-se a aceitação do produto ou da categoria por uma população definida;

❑ participação nos gastos – divide-se a receita ou o número de unidades vendidas de uma marca pelas compras totais da categoria por compradores daquela marca. Busca-se conhecer o nível de comprometimento com uma marca por parte de seus clientes atuais;

❑ associação espontânea – pesquisa-se para saber qual é a primeira marca que vem à mente dos consumidores. Essa métrica refletirá esforços publicitários e experiências recentes. Procura-se saber qual é a marca mais bem-posicionada na mente de determinado público;

❑ lealdade – leva-se em consideração a participação dos produtos ou da marca na cesta de compras totais dos pesquisados, bem como sua disposição para pagar mais por um produto ou marca e sua disposição para procurá-lo, caso não o encontre facilmente. A análise do resultado dessa métrica auxilia na determinação do fluxo de receita futura;

❑ satisfação do cliente – utiliza-se uma escala de 1 a 5, na qual os clientes classificam sua satisfação com a marca ou com atributos específicos. Há um componente emocional e psicológico envolvido nas respostas, pois a gradação reflete expectativas. Essa métrica é indicativa da probabilidade de repetição da compra e permite introduzir mudanças que aumentem a fidelidade.

Métricas para acompanhamento de margens e lucros

Para que uma empresa possa crescer e se perpetuar, deve atrair clientes dispostos a pagar pelos seus produtos e serviços o montante necessário para que ela possa ter lucro. O lucro é o oxigênio das empresas. A margem, de maneira muito simples, é a diferença entre o preço final de venda e os custos incorridos para que a oferta esteja disponível no mercado.

A seguir, apresentamos algumas das métricas que, segundo Farris e colaboradores (2007:60-62), podem ser desenvolvidas:

❏ margem unitária – toma-se o preço unitário de venda e subtrai-se o custo unitário. A partir da análise do resultado, pode-se melhor orientar o estabelecimento de preços e de promoções;

❏ percentual de margem – divide-se a margem unitária pelo preço unitário de venda. O resultado permite comparar margens percentuais entre diferentes produtos e suas versões. Válida também para o estabelecimento de preços e de promoções;

❏ preço médio por unidade – divide-se a receita total pelo número total de unidades vendidas. Muito utilizada para compreender como os preços médios são afetados por mudanças nos preços e na composição do portfólio de produtos ou serviços;

❏ custos variáveis e fixos – separam-se os custos que variam de acordo com o volume produzido ou vendido, dependendo da situação, daqueles que não variam. Essa métrica é muito usada para avaliar a influência do volume de vendas nos custos;

❏ despesas de marketing – analisam-se os custos fixos e variáveis que compõem as despesas de marketing. Essa métrica permite conhecer a relação entre as despesas de marketing e as vendas;

- contribuição por unidade – a partir do preço unitário, subtrai-se o custo unitário variável. Usada para compreender o impacto no lucro causado por mudanças e calcular o ponto de equilíbrio;
- percentual de margem de contribuição – divide-se a margem de contribuição por unidade pelo preço unitário. Nesse caso, trabalha-se com valores financeiros apenas. Permite avaliar o impacto que mudanças na receita têm sobre o lucro;
- volume do ponto de equilíbrio – expresso em número de unidades, é calculado dividindo-se os custos fixos pela contribuição por unidade. O resultado será expresso em número de unidades;
- receita de ponto de equilíbrio – calculada multiplicando-se o volume do ponto de equilíbrio, em número de unidades, pelo preço por unidade ou, ainda, dividindo-se os custos fixos pela margem de contribuição. O resultado será expresso em moeda corrente.

Gerenciamento de produto e de portfólio

O correto gerenciamento de um portfólio de produtos é tarefa difícil e exige muita destreza do profissional de marketing. Algumas métricas apresentadas a seguir, a partir da proposta de Farris e colaboradores (2007:105-108), ajudam a responder perguntas comuns e a escolher caminhos. Você saberia dizer, leitor, como o lançamento de um novo produto da sua empresa pode impactar as vendas de outro do seu portfólio? Que volume de vendas esperar de um produto em fase de declínio? Quais necessidades e desejos serão atendidos por uma nova oferta da sua empresa? Veja, a seguir, algumas métricas, propostas pelos citados autores, que podem ajudá-lo:

- percentual de consumo por experimentação – divide-se o número de novos usuários pelo número total de indivíduos da população-alvo. O que se deseja é que, ao longo do tempo, o percentual de experimentação se reduza, enquanto cresça o volume de repetição, que é apresentado a seguir;

❑ volume de repetição – para avaliação com essa métrica, multiplica-se o número de compradores que repetem a compra pelo número de produtos que eles compram de cada vez e pelo número de vezes que eles repetem a compra em cada período. Isso permite mensurar a fidelidade à marca;

❑ volume de penetração – multiplica-se o número de usuários no período anterior pela taxa de repetição no período atual e soma-se o número de experimentadores do período atual. Dessa forma, mensura-se a população que está comprando no período atual;

❑ projeções de volume – soma-se o volume de experimentação com o de repetição no período, permitindo o melhor planejamento da produção e dos estoques de vendas. Deve-se levar em consideração que nem todos os experimentadores repetirão a compra no período;

❑ taxa de canibalização – calcula-se a percentagem de vendas de novos produtos que foi oriunda de uma linha de produtos da própria empresa. Muito usada para entender como novos produtos reduzem vendas de produtos existentes e para fazer projeções nesse sentido;

❑ taxa de perda de share – é largamente aceito que um novo concorrente tende a tomar clientes dos *players* estabelecidos na proporção das suas respectivas participações de mercado. Embora essa suposição não possa ser adotada como regra, ela serve para projetar novas estimativas de vendas e de participação de mercado.

Rentabilidade do cliente

Sabemos que a rentabilidade é um dos objetivos de marketing das empresas. Farris e colaboradores (2007) propõem que cada cliente seja acompanhado, do ponto de vista de rentabilidade, através das métricas a seguir apresentadas:

- contagem de clientes – número de pessoas físicas ou jurídicas que compraram da empresa durante um período específico. Mensura a atração e retenção de clientes;
- recência – levanta e acompanha o período desde a última compra do cliente. Permite mapear mudanças no número de clientes ativos;
- rentabilidade do cliente – toma-se a receita obtida com o cliente e subtraem-se todos os custos incorridos para atendê-lo no período;
- custo médio de aquisição do cliente – divide-se a despesa incorrida para atrair novos clientes pelo número de novos clientes adquiridos em determinado período. Permite acompanhar a variação no custo de aquisição de novos clientes em períodos passados e compará-lo com o custo de aquisição de clientes recém-adquiridos;
- valor de duração do cliente – projetam-se, com valores atuais, os fluxos de caixa esperados no relacionamento com o cliente. Dessa forma, pode-se decidir os investimentos que podem ser feitos, visando assegurar ou ampliar o tempo de retenção.

Canais de vendas e gerenciamento de equipes

Farris e colaboradores (2007:172-176) também sugerem métricas que focam nos canais de vendas e no gerenciamento das equipes. Vejamos algumas delas:

- carga de trabalho – avalia continuamente as horas necessárias para atender clientes e *prospects*, dimensionando a equipe de vendedores para garantir uma carga de trabalho equilibrada;

- previsão do potencial de vendas – para estabelecer essa métrica, faz-se uma avaliação dos clientes potenciais e do seu poder de compra. Em seguida, determinam-se metas de vendas, dimensiona-se a equipe e alocam-se os recursos adequados;
- total de vendas – estabelece metas para vendedores individualmente e para territórios. As projeções podem ser baseadas em vendas do ano anterior, por vendedor e por território, agregando-se a elas as projeções realistas de crescimento;
- remuneração – fixar metas que incluam salário e bônus ou comissão. Busca-se motivar ao máximo o trabalho de vendas, acompanhando sistematicamente o progresso no sentido de atingir as metas estabelecidas;
- distribuição numérica – define-se o universo de pontos de venda e verifica-se qual o percentual deles que mantém determinado produto ou marca. Avalia-se, assim, até que ponto se deu a penetração do produto ou marca nos canais potenciais;
- exposição – faz-se o levantamento da média do número total visível de embalagens ou unidades disponíveis em uma loja padrão. Determinam-se, assim, os níveis de estoque e a visibilidade nas lojas;
- retorno de margem bruta sobre investimento em estoque – divide-se a margem pelo valor médio, em moeda corrente, do estoque mantido durante período determinado. Pode-se, assim, quantificar o retorno sobre o capital de giro investido no estoque.

Esforço promocional

Por fim, caro leitor, debrucemo-nos sobre algumas métricas propostas para acompanhar o esforço promocional. Fomos buscar alguns exemplos também em Farris e colaboradores

(2007:257-258). Todos eles procuram medir a dependência que a marca tem de ações promocionais:

❑ vendas básicas – são as vendas que ocorrem normal e rotineiramente, sem a interferência de programas de marketing. Determina-se, assim, até que ponto as vendas atuais são função de esforços promocionais específicos;

❑ vendas incrementais – subtraem-se, do total de vendas, as vendas básicas. Dessa maneira, podem-se avaliar os efeitos de curto prazo das ações promocionais;

❑ taxas de resgate – calcula-se o número de cupons resgatados dividido pelo de cupons distribuídos. Verifica-se, assim, a influência da promoção nas vendas totais;

❑ porcentagem de vendas com descontos – divide-se o volume ou o valor das vendas com descontos temporários pelo volume total ou valor total das vendas em período determinado. O percentual encontrado indica o grau de dependência da marca nos esforços promocionais;

❑ porcentagem de tempo em promoção – verifica-se, em período previamente definido, a porcentagem de tempo no qual as promoções temporárias são oferecidas. Pode-se, assim, avaliar a importância das ações promocionais nas vendas;

❑ repasse de descontos – faz-se um levantamento dos descontos oferecidos pelo varejista aos clientes, dividindo-os pelos descontos oferecidos pelo fabricante a esse varejista. O percentual encontrado é indicativo da atividade promocional gerada ao longo do canal de distribuição;

❑ desconto médio – divide-se o preço médio real praticado por unidade pelo preço sugerido de venda, também conhecido como preço cheio. Pode-se, assim, conhecer o preço médio efetivamente praticado e o desconto médio oferecido.

Como você pode perceber, caro leitor, o assunto é amplo, permite muitas discussões e pode ser desenvolvido pelas próprias empresas. O importante, leitor, é estabelecermos objetivos claros, bem-definidos e, a partir deles, desenvolvermos e implantarmos ferramentas que nos permitam fazer, de forma sistemática, o acompanhamento qualitativo, mas acima de tudo quantitativo, das ações propostas e implementadas.

Serviços

Sempre que nos referimos ao composto de marketing, ou marketing mix, damos ênfase ao produto, citando o serviço apenas quando necessário. Porém, caro leitor, algumas empresas oferecem apenas serviços; outras comercializam produtos agregando-lhes um ou mais serviços.

Você sabia que o setor de serviços é o que mais cresce no mundo há pelo menos duas décadas? Os países com as economias mais pujantes da atualidade produzem cada vez menos produtos e focam seu crescimento na administração de serviços. Algumas empresas globais de consumo de massa terceirizam toda sua produção e focam apenas a gestão do seu principal ativo: a marca. Bancos, administradoras de cartões de crédito, companhias de transporte aéreo, terrestre, marítimo, instituições de ensino, empresas de consultoria, entre tantas outras, tornam-se globais por meio dos seus serviços. Mas há grandes diferenças entre a oferta de produtos e de serviços. Vamos entendê-las?

Segundo Kotler e Keller (2006:397),

> serviço é qualquer ato ou desempenho, essencialmente intangível, que uma parte pode oferecer a outra e que não resulta em propriedade de nada. A execução de um serviço pode estar ou não ligada a um produto concreto.

Os serviços são desenvolvidos para atender a necessidades pessoais ou empresariais. Podem ter ou não fins lucrativos. Podem exigir ou não a presença do cliente no momento em que são executados. E um mesmo serviço pode ser prestado por meio de diferentes processos, o que lhe dará formato diferenciado daquele oferecido pelos concorrentes.

Kotler e Keller (2006) apresentam, ainda, as categorias de mix de ofertas ao mercado. Alguns dos exemplos foram por nós adaptados. Veja a seguir:

- bem tangível – oferta restringe-se a um produto tangível, como açúcar, leite ou remédios;
- bem tangível associado a serviços – oferta ampliada em que o bem tangível é oferecido juntamente com serviços adicionais e de apoio. Por exemplo, telefones celulares, carros e computadores precisam cada vez mais de showrooms, instruções de uso, serviços de entrega, de assistência técnica e garantia para obterem sucesso;
- híbrida – produtos e serviços têm peso semelhante na oferta pelo comerciante e na escolha pelo cliente. É o caso dos restaurantes que atraem pessoas pelos cardápios apresentados e pelo serviço oferecido;
- serviço puro – como no caso de serviços prestados por profissionais da área de saúde nas consultas médicas, empregados domésticos e cabeleireiros;
- serviço principal associado a serviços secundários – podemos citar, como exemplo, as empresas de transporte marítimo. Compra-se um cruzeiro, que basicamente seria o transporte, mas recebem-se adicionalmente refeições, shows e o trabalho de equipes de animação e esportes.

Gronroos (2009:19) destaca que "os serviços são a base para uma diferenciação eficaz entre empresas. São, portanto, uma fonte inesgotável de vantagem competitiva". Na mesma linha, Thomas (apud Gronroos, 2009:19) declarou que "se os gerentes falarem sobre serviços em vez de produtos, eles também pensarão em serviços e em outras características que tornem esses serviços singulares".

Ainda segundo Gronroos (2009:38), há quatro características básicas que podem ser encontradas nos serviços. Veja a seguir:

- ❑ os serviços são mais ou menos intangíveis;
- ❑ os serviços são atividades ou uma série de atividades em vez de coisas;
- ❑ os serviços são, pelo menos até certo ponto, produzidos e consumidos simultaneamente;
- ❑ o cliente participa do processo de produção, pelo menos até certo ponto.

Assim, explica Gronroos (2009:39): "o controle da qualidade e o marketing têm de ter lugar, portanto, no momento e no lugar da produção e consumo do serviço simultaneamente". E completa: "o cliente participa como um recurso de produção". Isso faz o marketing de serviços bastante complexo.

Segundo Kotler e Keller (2006:399-402), os serviços apresentam quatro características principais. Veja a seguir:

- ❑ intangibilidade – não podem ser vistos, sentidos, ouvidos, cheirados ou provados antes de serem adquiridos. Visando tangibilizar os serviços, as empresas investem em instalações, funcionários, equipamentos, material de comunicação e símbolos, entre outros itens;
- ❑ inseparabilidade – enquanto bens físicos são produzidos, estocados, distribuídos e consumidos, os serviços são produzidos e consumidos simultaneamente. Não há como fracionar o serviço, embora seja possível modulá-lo. Uma consulta com um psicoterapeuta pode durar uma hora ou 30 minutos; mas duas consultas de 30 minutos não formarão uma consulta de uma hora. A dinâmica, o ritmo e os avanços serão diferentes

nos dois casos. Deve-se, também, considerar que, em alguns casos, como na área da saúde e na de entretenimento, o profissional especificamente contratado faz parte do serviço;

- variabilidade – um mesmo serviço prestado por profissionais diferentes, ou pelo mesmo profissional em locais diferentes, ou ainda pelos mesmos profissionais, nos mesmos locais, mas em períodos de tempo diferentes, terá resultados diferentes. Além disso, a interação entre o prestador do serviço e o cliente faz toda a diferença no resultado percebido;
- perecibilidade – como os serviços não podem ser estocados, as empresas costumam ser fortemente afetadas pelos efeitos da sazonalidade da demanda. Profissionais liberais costumam cobrar por serviços não prestados quando o cliente falta ao compromisso agendado. Isso porque aquela hora profissional, que ficou à disposição do faltoso, pereceu; não poderá mais ser vendida nem aproveitada para outras finalidades. A receita perdida por um quarto de hotel vazio, em determinada noite, jamais será recuperada.

Parasuraman, Zeithaml e Berry (apud Kotler e Keller, 2006:403) sugerem uma *checklist*, com seis perguntas, para que os gerentes possam ajustar constantemente os serviços às expectativas dos clientes. Veja, leitor, quais são elas:

- Nós nos esforçamos para proporcionar ao cliente uma ideia realista do nosso serviço?
- Desempenhar o serviço sempre de modo certo é uma das maiores prioridades de nossa empresa?
- Nós nos comunicamos efetivamente com os nossos clientes?
- Surpreendemos nossos clientes durante a entrega do serviço?
- Nossos funcionários consideram os problemas na entrega do serviço como oportunidade para causar boa impressão aos clientes?

❏ Avaliamos e melhoramos continuamente nosso desempenho e o comparamos com as expectativas dos clientes?

Se essas perguntas fossem feitas na sua empresa, será que ela seria aprovada? O assunto é tão importante que Susan Keaveney (apud Kotler e Keller, 2006:405) mapeou mais de 800 comportamentos críticos que fazem clientes buscar outras opções de fornecedores de serviços. Veja, a seguir, sete deles e suas causas:

❏ preço – alto, injusto, enganoso ou aumento excessivo em determinado período;
❏ inconveniência – localização, horário, espera por uma visita ou espera pela prestação do serviço;
❏ falha no serviço central – erros no serviço ou na cobrança;
❏ falha na entrega do serviço – desatenção, grosseria, indiferença ou falta de preparo;
❏ resposta a falha no serviço – resposta negativa, relutante ou sem resposta;
❏ concorrência – o cliente encontrou um serviço melhor;
❏ problemas éticos – trapaça, venda agressiva, insegurança ou conflito de interesses.

Esperamos que sua empresa tenha desempenho superior com relação a esses itens. Caso ainda não esteja nesse nível, a melhor maneira de atingi-lo é envolver todos os setores da instituição no esforço de marketing.

É preciso lidar com a constante cobrança dos clientes em relação ao desempenho da empresa prestadora de serviços. Os clientes chegam com expectativas geradas por experiências anteriores com produtos ou serviços semelhantes, pelas comunicações boca a boca que circulam no mercado (inclusive o marketing viral) e pelas propagandas veiculadas pela instituição nas várias mídias. Caso o serviço percebido atenda ou supere as expectativas, o cliente voltará a procurar esse fornecedor; caso o serviço fornecido não corresponda ao esperado, o cliente provavelmente buscará outro fornecedor.

Parasuraman, Zeithaml e Berry (apud Kotler e Keller, 2006:406-407) identificaram cinco lacunas na prestação de serviços que podem levar a empresa a fracassar no seu esforço comercial. Em todas elas, as expectativas do cliente serão frustradas. Já sabe quais são, leitor? Afinal, você também é cliente de algumas empresas. Veja a seguir.

❑ lacuna entre as expectativas do consumidor e as percepções da gerência – os gestores podem não entender o que o cliente está buscando;

❑ lacuna entre as percepções da gerência e as especificações da qualidade dos serviços – os gestores podem perceber corretamente as expectativas do mercado, mas não ser capazes de traduzi-las em especificações para que o serviço seja prestado;

❑ lacuna entre as especificações de qualidade dos serviços e sua entrega – os executores das especificações podem falhar por falta de treinamento, incapacidade ou desinteresse. Nós acrescentamos que a cultura corporativa pode também ser um empecilho à correta aplicação das especificações;

❑ lacuna entre a entrega dos serviços e a comunicação externa – algumas vezes, sem má-fé, declarações de colaboradores da empresa ou mensagens veiculadas nas diversas mídias podem induzir o cliente a um tipo de expectativa incompatível com o serviço que será prestado;

❑ lacuna entre o serviço percebido e o serviço esperado – nesse caso, o cliente não percebe que está recebendo o serviço que poderia esperar.

Parasuraman, Zeithaml e Berry (apud Gronroos, 2009:58-59) listaram ainda 10 fatores determinantes na qualidade percebida de um serviço. Observe:

- confiabilidade – a empresa desempenha o serviço de forma correta na primeira vez, é precisa no faturamento, mantém corretamente os registros e executa o serviço no tempo previsto;
- rapidez de resposta – serviço é prestado em tempo adequado, transações por correios são expedidas imediatamente, chamada telefônica rápida de volta ao cliente e prestação imediata do serviço; vale acrescentar que a rapidez de resposta, hoje, inclui também as transações e comunicações no ambiente virtual, através de mensagens eletrônicas e utilização de mídias sociais;
- competência – conhecimento e habilidades dos empregados que têm contato com os clientes, conhecimento e habilidades do pessoal de suporte operacional, capacidade de pesquisa da organização;
- acesso – o serviço é facilmente acessível por telefone, o tempo de espera para receber o serviço não é longo, horas convenientes de operação e local conveniente de execução dos serviços;
- cortesia – boas maneiras, respeito, consideração pela propriedade do consumidor e aparência limpa e arrumada do pessoal que tem contato com os clientes;
- comunicação – explicar o serviço em si, quanto custará, quais as relações entre o custo e o serviço e assegurar aos clientes que o problema vai receber atenção;
- credibilidade – baseada fortemente no nome e na reputação da empresa, nas características pessoais da equipe de contato com os clientes e no grau de venda sob pressão envolvido nas interações;
- segurança – física, financeira e confidencialidade;

❏ compreender e conhecer o cliente – conhecer exigências específicas de cada cliente, fornecer uma atenção individualizada e reconhecer o cliente assíduo;

❏ tangíveis – instalações físicas, aparência do pessoal, ferramentas e equipamentos utilizados para fornecer o serviço, representações físicas do serviço (cartões, folders, flyers) e outros clientes nas instalações dos serviços.

De posse desse conhecimento, leitor, você já pode partir para propor a formatação ou reformatação de serviços em sua rotina profissional.

Neste capítulo tratamos de um assunto que geralmente é evitado pelas empresas: a disputa entre as áreas de marketing e vendas por espaço nas estratégias empresariais. Essa disputa deve ser desestimulada e a harmonia entre as áreas deve prevalecer. Abordamos, também, formas de atuação para entender a trajetória de uma marca e para formatar serviços. Vimos, ainda, alguns exemplos de métricas que podem ser aplicadas para o acompanhamento da eficácia de estratégias e táticas de marketing.

Chegou a hora de usar o conhecimento para planejar o futuro empresarial. Veja, no próximo capítulo, quais aspectos devem ser considerados no desenvolvimento de um planejamento de marketing.

4

O planejamento de marketing

Nos capítulos anteriores, informações foram apresentadas, para que você, leitor, pudesse conhecer ou revisitar a teoria que embasa as ações de marketing. Falamos em composto de marketing, segmentação, posicionamento, desenvolvimento de proposta de valor, marca, serviços, métricas de marketing e o fim da disputa entre marketing e vendas, entre outros assuntos. Tudo isso para podermos, a seguir, apresentar um roteiro simplificado que pode ser usado no desenvolvimento de um planejamento de marketing.

A partir da leitura do capítulo 4, você poderá entender quais os passos que devem ser seguidos na elaboração de um plano de marketing. Vai poder acompanhar e cobrar, de quem estiver elaborando um plano, a correta aplicação da teoria. Vai, eventualmente, também poder propor adequações à realidade de mercado e da empresa. Que tal começarmos?

Check-list básica

Quando adolescente, um dos autores deste livro tinha um amigo que desejava ser militar, provavelmente por influência do pai, militar do Exército brasileiro. Ele conseguiu um manual de treinamento militar que, por meio de desenhos, mostrava didaticamente um soldado atrás de uma grande pedra, fazendo algumas perguntas a si mesmo, com suas consequentes respostas:

- *Pergunta 1*: Onde estou?
  Resposta: Atrás de uma grande pedra, que me protege da linha de tiro do inimigo.
- *Pergunta 2*: Aonde quero ir?
  Resposta: Para uma clareira a 50 metros de distância em linha reta, pois é um ponto importante de visualização de toda a tropa inimiga e me daria uma condição privilegiada de tiro.
- *Pergunta 3*: Como estou?
  Resposta: Estou com muito equipamento militar, o que dificultaria a corrida até a clareira. Também tenho um corte na perna que está sangrando e também dificultaria a corrida.
- *Pergunta 4*: Como vou?
  Resposta: Devo fazer corridas curtas, me expondo pouco à linha de tiro inimiga. Para tanto, rastejarei por aproximadamente 15 metros até uma árvore com um tronco grosso à direita e, após verificar o volume do fogo inimigo, correrei o mais rápido possível em zigue-zague até a clareira, onde, além de estar totalmente protegido, terei uma visão e linha de tiro melhor.

Estas perguntas simples – onde estou, aonde quero ir, como estou e como vou aonde quero ir – continuam sendo aplicadas, de uma forma ou de outra, nos planejamentos simples ou complexos das organizações. Ou seja, os questionamentos são os mesmos, o que muda é a complexidade das situações.

Antes de abordarmos o desenvolvimento de um plano de marketing, você deve conhecer os principais conceitos envolvidos na sua formulação, confecção e implementação. Vamos a eles?

Estratégia

Existem dezenas de conceitos sobre estratégia. Para Porter (1986), estratégia é "o desenvolvimento de uma fórmula ampla para o modo como uma empresa irá competir, quais deveriam ser suas metas e quais as políticas necessárias para levar-se a cabo essas metas".

Wright, Kroll e Parnell (2000:45) definem estratégia como "planos da alta administração para alcançar resultados consistentes com a missão e objetivos da organização".

Observe que as expressões "ampla" e "alta administração" adjetivam de forma contundente o conceito de estratégia.

Planejamento

Para Salim e colaboradores (2001:27), planejamento consiste na

> concepção e análise de cenários futuros para um empreendimento (pode ser uma empresa ou uma nova unidade da empresa), seguido do estabelecimento de caminhos e objetivos (para um mercado, um território), culminando com a definição de ações que possibilitem alcançar tais objetivos e metas para o empreendimento.

Diagnóstico estratégico

Imagine você na sua consulta semestral ao dentista. Apesar de conhecer seu histórico, ele irá lhe perguntar sobre suas queixas quanto ao estado de seus dentes, se houve sangramentos gengivais ou mau hálito, entre outros problemas possíveis na saúde bucal. Depois, ele irá fazer uma análise visual dos seus dentes e gengivas e, se for o caso, poderá vir a pedir radiografias ou até exames mais complexos. Esses exames seguem um padrão definido, porém o dentista pode ser induzido pelo paciente a um diagnóstico incorreto.

Às vezes, pequenos problemas podem passar despercebidos ao paciente. Outras vezes, ele pode dar especial atenção a algo que não tem a mínima importância, amplificando e induzindo o dentista no processo de diagnóstico.

Analogamente, o processo de planejamento estratégico requer um diagnóstico empresarial que, em suma, é uma avaliação da situação estratégica da organização. Segundo Costa (2003:51), diagnóstico estratégico empresarial

> é um processo formal e estruturado que procura avaliar a existência e a adequação das estratégias vigentes na organização em relação ao andamento de transformações para a construção do futuro.

Decisões estratégicas, táticas e operacionais

Decisões estratégicas são tomadas normalmente pela alta direção das organizações (conselhos, diretoria e alta gerência), enquanto as decisões táticas são tomadas pelos níveis gerenciais médios e juniores. As decisões operacionais são tomadas pelos níveis de supervisão e pelo próprio funcionário. Essa prática é cada vez mais incentivada pela direção das organizações e foi preconizada pelo *empowerment*, que é o movimento de descentralização, incentivando os funcionários à tomada de decisão nas suas atividades do dia a dia.

Em geral, as decisões estratégicas são aprovadas procurando atender a horizontes mais longos, que podem variar em função da indústria na qual a organização está inserida. A indústria da moda e a da tecnologia da informação têm ciclos de vida mais curtos que a da mineração ou da siderurgia, por exemplo. As decisões táticas e operacionais, por sua vez, são tomadas vislumbrando horizontes mais curtos, normalmente de um ano. Classificar as decisões somente pela ótica temporal, entretanto, pode confundir, já que nas indústrias de ciclo de vida curto as decisões estratégicas não vislumbram períodos de tempo tão longos quanto aqueles contemplados nas indústrias de ciclo de vida longo.

Planejamento estratégico

McDonald (2004:28) conseguiu evidenciar claramente as preocupações do planejamento estratégico corporativo das empresas ao listar suas atribuições:

- ❏ traçar o rumo da organização no longo prazo, contrastando com as questões de administração do dia a dia;
- ❏ definir o escopo das atividades da organização em termos do que ela fará e do que não fará;
- ❏ compatibilizar as atividades da organização com o ambiente no qual ela funciona, de modo a otimizar oportunidades e minimizar ameaças;
- ❏ compatibilizar as atividades da organização com sua capacidade de recursos, sejam financeiros, de mão de obra, tecnológicos ou níveis de competência.

Kotler (2000:86) define planejamento estratégico orientado para o mercado como "o processo gerencial de desenvolver e manter uma direção estratégica que alinhe as metas e os recursos da organização com suas mutantes oportunidades de mercado".

Plano de negócios

Salim e colaboradores (2001:16) conceituam plano de negócios como

> um documento que contém a caracterização do negócio, sua forma de operar, suas estratégias, seu plano para conquistar uma fatia de mercado e as projeções de despesas, receitas e resultados financeiros.

O plano de negócios, também chamado de *business plan*, em geral está vinculado a um novo negócio a ser lançado no mercado, podendo ser também de um novo produto ou serviço de uma empresa já existente. O objetivo do plano de negócios é apresentar a viabilidade de um novo negócio para que acionistas, empreendedores ou investidores físicos ou institucionais possam decidir investir seu tempo e recursos nesse novo empreendimento.

O plano de negócios inclui um plano de marketing, porém, contempla todo o negócio, inclusive análise de fluxo de caixa, financiamento e orçamento.

Administração estratégica ou gestão estratégica

Existem inúmeros exemplos de planejamentos estratégicos que, apesar de bem-formulados, não conseguem ser implementados, levando a organização ao insucesso. Nesses casos, os executivos e empresários se perguntam: "Investi tempo e dinheiro para fazer 'a lição de casa', definindo a visão e a missão da organização, formulando um plano estratégico coerente com o ambiente interno e externo, definindo as ações estratégicas... O que deu de errado?"

A resposta está na implementação do plano estratégico, que, em muitos casos, necessita ser acompanhado de uma profunda alteração na cultura da organização, para que parte do público interno aceite as mudanças necessárias para sua viabilização. Costa (2003:54) define gestão estratégica como

> o processo sistemático, planejado, gerenciado, executado e acompanhado sob a liderança da alta administração da instituição, envolvendo e comprometendo todos os gerentes responsáveis e colaboradores da organização.

Ele procura diferenciar gestão estratégica de planejamento estratégico quando ressalta que

> gestão estratégica é muito mais ampla que planejamento estratégico. Engloba desde as avaliações de diagnósticos, a estruturação do processo de planejar e formular um propósito compartilhado para a organização, a escolha de estratégias, a fixação de metas e desafios, até a atribuição de responsabilidades para o detalhamento dos planos e projetos e para conduzir as etapas de sua implementação.

Já Wright, Kroll e Parnell (2000:45) definem administração estratégica como

> o processo de determinação da missão e objetivos da organização no contexto de seu ambiente externo e de seus pontos fortes e fracos internos, formulação de estratégias apropriadas, implementação dessas estratégias e execução do controle para assegurar que as estratégias organizacionais sejam bem-sucedidas quanto ao alcance dos objetivos.

Veja você, leitor, que gestão estratégica e administração estratégica, no fundo, são conceitos muito próximos e se referem não só ao diagnóstico, formulação e confecção do planejamento estratégico, mas também à sua implementação e controle dos resultados, retroalimentando o processo.

Planejamento estratégico de marketing

McDonald (2004:22) define planejamento estratégico de marketing como "uma sequência lógica e uma série de atividades que levam à determinação de objetivos de marketing e à formulação de plano para alcançá-los".

É comum que tenhamos dúvidas sobre o conceito claro de planejamento estratégico corporativo e planejamento estratégico de marketing, bem como plano de marketing – também chamado por alguns autores de plano integrado de marketing.

Para esclarecer essa dúvida, primeiramente devemos definir o que são decisões estratégicas e como se diferem das decisões operacionais.

Planejamento estratégico corporativo e planejamento estratégico de marketing

Na verdade, o planejamento estratégico corporativo e o planejamento estratégico de marketing são muito parecidos no que tange aos objetivos, à aplicação e ao escopo. O planejamento estratégico corporativo é mais adequado quando se pensa o conjunto da organização. O planejamento estratégico de marketing estará contido no corporativo e, em geral, representa grande parcela desse planejamento.

Assim, o planejamento estratégico corporativo cuida de desenvolver o planejamento de negócios das diferentes unidades, centros de lucros ou áreas de responsabilidade da empresa, enquanto o planejamento estratégico de marketing está voltado para os mercados, clientes, serviços e produtos.

É importante e vital para a eficiente elaboração do planejamento estratégico de marketing que haja o envolvimento de vários profissionais, não somente da área de marketing, mas também de equipes multidisciplinares, procurando estabelecer um vínculo e um compromisso com o sucesso na implementação desse planejamento.

Planejamento estratégico, tático e operacional

Veja a seguir os níveis de planejamento, levando em conta questão temporal e nível de decisão:

- ❏ *planejamento estratégico*: plano estratégico – desenvolvido pela alta direção da organização para um período igual ou superior a três anos, dependendo da indústria ou setor no qual o negócio está inserido;
- ❏ *planejamento tático*: plano de marketing – elaborado pela diretoria e pela alta gerência de marketing, geralmente para um período de um ano, podendo contemplar períodos não superiores a três anos;
- ❏ *planejamento operacional*: plano de comunicação, plano de vendas e plano de distribuição – em geral realizados pelos gerentes de vendas e coordenadores regionais, para períodos iguais ou inferiores a um ano.

Plano de marketing

O plano de marketing é o documento que sintetiza o planejamento de marketing de uma organização ou de uma unidade estratégica de negócios (UEN).

Polizei (2010:4) afirma que

> o plano de marketing é mais prático e dirigido à sensatez do mercado. Por outro lado, o plano estratégico deve conter os

pormenores de ordem interna da corporação para controle, acompanhamento de atividades, informação e mobilização de pessoas e principais departamentos da empresa quanto aos aspectos cruciais de sua implantação.

O plano de marketing, ao estabelecer objetivos, metas e ações estratégicas do composto de marketing, deve estar em sintonia com o planejamento estratégico da organização. Isso, leitor, é imprescindível!

O plano de marketing de uma organização pode dividir-se em planos específicos, tais como:

❑ plano de marca;
❑ plano por categoria de produto;
❑ plano para novos produtos;
❑ plano por segmento de mercado;
❑ plano por mercado geográfico;
❑ plano por cliente.

Todos esses planos devem estar em sintonia e não podem ser elaborados independentemente uns dos outros.

Ambrósio (2007:3), como outros autores, ressalta que

> o planejamento de marketing, portanto, deve levar em conta o conceito de marketing integrado: todos os setores da empresa devem trabalhar em conjunto para satisfazer desejos e necessidades dos consumidores e, em consequência, da empresa e da sociedade.

Magalhães (2006:79) evidencia alguns questionamentos que, em geral, os gestores se fazem ao iniciar esse processo:

> Como processar as experiências e a intuição das pessoas, educar as estimativas e antecipar os movimentos do mercado? De

que maneira serão geradas as ideias e sugeridas as inovações de mercado que constroem vantagens competitivas com a ocupação de um determinado posicionamento em uma área competitiva selecionada? Quais os processos que incorporam a orientação para o consumidor nos produtos, serviços e sistemas da empresa?

Essas e outras questões são vitais para a confecção de um plano de marketing.

O marketing está baseado no trinômio *conhecer*, *decidir* e *agir*. Vejamos:

❏ *conhecer* o que o cliente deseja, os atuais e potenciais concorrentes, os pontos fortes e fracos desses concorrentes e da empresa em relação a eles, os aspectos relevantes da economia e da política, os aspectos legais que regulamentam o mercado, a tecnologia empregada no produto ou serviço e suas constantes mudanças, a existência de produtos substitutos, a existência de concorrência ampliada. Conhecer, também, o nível de serviços acoplados aos produtos que o cliente deseja e o preço que está disposto a pagar, quais os melhores e mais eficientes canais de distribuição e quais as ferramentas de comunicação ideais para atingir o cliente-alvo.

❏ *decidir* os objetivos e as estratégias a serem utilizadas;

❏ *agir*, definindo como, quem, quando e onde fazer, bem como as ferramentas de mensuração da performance de execução do plano.

Portanto, o primeiro passo é desenvolver um sistema de informações e inteligência de marketing (SIM), que deve estar alicerçado em outros sistemas integrados:

❏ sistemas de dados internos da organização sobre áreas de interesse do marketing, tais como: vendas, faturamento, devolução de mercadorias, estoque de mercadorias, produção, atraso no pagamento por parte dos clientes, inadimplência, entre outros;

❏ sistemas de pesquisas de mercado, com metodologias claras quanto à elaboração de estudos sobre o perfil do cliente e a concorrência;

❏ sistemas de apoio à tomada de decisões, definindo as ferramentas de tecnologia da informação, sistemas e técnicas a serem usados.

As organizações estão, cada vez mais, usando as redes sociais para escutar e entender os clientes e, assim, desenvolver produtos e serviços que venham a atender às suas necessidades e desejos. Estão, inclusive, incorporando os clientes no processo de pesquisa para o desenvolvimento de novos produtos e serviços. Construir um plano de marketing de uma organização sem atentar para o desenvolvimento de um sistema de informações de marketing que permita tornar esse plano eficiente é um dos principais e primários erros cometidos pelas organizações.

Outro aspecto importante na confecção de um plano de marketing é a abordagem quantitativa. Esse tema é polêmico para a maioria dos profissionais de marketing, principalmente aqueles com formação em comunicação.

As métricas e indicadores auxiliam e facilitam o processo decisório dos profissionais de marketing. Lembra-se, leitor, do capítulo 3, em que esse assunto foi abordado?

Alguns indicadores macroeconômicos e do ambiente empresarial são vitais no processo de seleção de mercados e produtos, tais como:

❏ renda per capita;
❏ renda disponível para consumo;
❏ padrões de consumo;
❏ frequência de consumo;

- sazonalidade;
- consumo *per capita*;
- *market share;*
- *mind share.*

Você se lembra do início deste capítulo, quando fizemos uma analogia entre as perguntas que um soldado fazia a si mesmo no campo de batalha e as perguntas que um empreendedor ou gestor se faz ao confeccionar um planejamento estratégico? Onde estamos, aonde vamos, como estamos e como vamos? Elas serão vitais também para construção de um plano de marketing.

Vamos agora, então, começar a construir um plano de marketing?

No mercado brasileiro, existem muitos livros, de autores nacionais e estrangeiros, sobre planos de marketing, planos de negócios e planejamento estratégico.

Observamos que, de uma forma ou de outra, os modelos dos planos pouco diferem, sendo alguns mais completos que outros, alguns mais específicos para certas áreas de negócio, alguns assumem conceitos com nomes diferentes, mas no conteúdo são basicamente iguais.

Sugerimos a elaboração de um plano de marketing com nove capítulos, que denominaremos etapas, a saber:

1. Sumário executivo
2. Visão e missão corporativas e do propósito do plano
3. Auditoria de marketing
4. Matriz Swot, matriz BCG, matriz de Ansoff e seleção de mercado-alvo
5. Metas e objetivos
6. Estratégias de marketing
7. Plano de ação
8. Viabilidade financeira
9. Controles

Construindo o plano de marketing

O plano de marketing deve ser detalhado, porém a redação deve ser simples, objetiva, sem termos que dificultem sua leitura, compreensão e, principalmente, implementação. É um trabalho que será posteriormente utilizado por profissionais que não participaram do processo de sua elaboração, mas que terão papel importante para que os objetivos sejam atingidos.

Sumário executivo

Essa primeira parte deve ser a última a ser confeccionada.

O sumário executivo deve ser conciso. É uma peça para despertar o interesse para uma leitura mais minuciosa do plano. Deve estar contido em uma página (ideal) ou duas, no máximo.

Algumas organizações têm evitado a confecção do sumário executivo, pois os executivos, em geral, têm procurado atentar cada vez mais para os detalhes do plano de marketing, e o sumário executivo poderia ser uma repetição do que estaria inserido no plano.

Por isso, é recomendável que o texto elaborado para o sumário executivo seja um elemento incentivador da leitura do documento como um todo.

Segundo Polizei (2010:13), o sumário executivo deve conter:

- ❏ investimento – montante e principais itens a serem adquiridos;
- ❏ retorno financeiro – previsão do tempo médio para devolução do investimento ao bolso do investidor e, principalmente, a que taxas de ganho do capital;

- conceito a ser defendido no plano de marketing – descrição do produto ou serviço e do principal impacto de conceito da estratégia no público consumidor;
- público-alvo e objetivo – detalhamento sobre o público consumidor, real e potencial, a ser atingido, bem como a finalidade do produto ou serviço;
- visão e missão – apresentação dos objetivos do negócio e declaração do seu propósito, ou sua direção estratégica, em uma frase;
- outros itens de relevância – previsão de vendas, preços, aspectos de promoção de marketing e estratégias de distribuição, entre outros.

Visão e missão corporativas e do propósito do plano

A visão e missão corporativas devem enunciar e delimitar todas as decisões e ações da organização. Norteiam, também, as decisões e ações de marketing da organização.

A função de marketing deve também definir uma missão de "propósito", que, obviamente, estará em consonância com a missão da organização. McDonald (2004:33) enumera os níveis de missão:

- tipo 1: maternal – geralmente encontrada em relatórios anuais destinados a "fazer um carinho" nos acionistas. Fora isso, não tem utilidade prática;
- tipo 2: a coisa real – uma declaração significativa, exclusiva da organização em questão, que causa impacto sobre o comportamento dos executivos de todos os níveis;
- tipo 3: declaração de "propósito" (ou declaração de missão de nível mais baixo) – apropriada para o nível de unidade estratégica de negócios, de departamento ou de grupo de produto da organização.

A missão deve contemplar:

- definição do negócio – definição dos benefícios que seu negócio proporciona, ou as necessidades que satisfaz, não sendo específica em demasia nem genérica demais;
- competências distintivas – o que o distingue ou não da concorrência;
- indicações para o futuro – o que a empresa pretende fazer nos próximos três a cinco anos, dependendo do ciclo de vida da indústria na qual está inserida.

Auditoria de marketing

Você se lembra daquela primeira pergunta que devemos nos fazer quando iniciamos um processo de planejamento? Ela é: *onde estou?* A auditoria de marketing tem como finalidade responder a esta pergunta: onde a empresa está agora?

A auditoria de marketing se preocupa com o ambiente e as operações relacionadas. Deve estar estruturada em auditoria externa e auditoria interna. Assim, veja a seguir a abrangência das respectivas auditorias.

Auditoria externa

A auditoria externa faz um levantamento das oportunidades e das ameaças. Deve analisar:

- ambiente econômico: inflação, desemprego, energia, preço, volatilidade, disponibilidade de materiais, entre outros aspectos;
- ambiente político-fiscal e legal: leis, normas, regulamentações em geral, com ênfase em legislação tributária, sindical, ambiental, de direitos humanos, restrições regulamentadoras (por

exemplo, rotulagem, qualidade do produto, embalagem, práticas comerciais, propaganda, determinação de preços etc.);

❑ ambiente social-demográfico-cultural: distribuição etária, nível educacional, concentração regional, escolaridade média, educação, imigração, religião, mobilidade social, mudança no estilo de vida do consumidor, entre outros elementos;

❑ ambiente tecnológico: aspectos do produto ou tecnologia de produção que poderiam afetar profundamente a economia do setor (por exemplo, novas tecnologias, internet, economia de custos, materiais, componentes, equipamentos, maquinaria, métodos e sistemas, disponibilidade de substitutos etc.);

❑ ambiente intraempresarial: investimento de capital, paralisações, greves, entre outros.

Em alguns segmentos de negócios, gestores têm procurado analisar, na auditoria externa, o ambiente físico ou natural, usando instrumentos, ferramentas e previsões, estas contratadas ou não, elaboradas por especialistas, sobre alterações climáticas e fenômenos naturais que podem afetar seu negócio, como terremotos (veja os casos do Japão, do Chile e do Haiti, nos quais diversas empresas tiveram muitas perdas), tempestades, mudanças de perfil climático, como secas ou excesso de chuvas. Algumas regiões produtoras de vinho na França têm visto seu solo alterar-se, dificultando e, em alguns casos, impossibilitando essa atividade milenar. Por outro lado, regiões que não tinham as condições climáticas ideais para produção de vinho têm despontado como promissoras, em função de mudanças nas condições climáticas.

A auditoria externa irá analisar o chamado "macroambiente de marketing", identificando as tendências das forças externas, que não podem ser controladas, mas devem ser sempre monitoradas a fim de que a organização tenha condições de se antecipar às mudanças que possam ocorrer, neutralizando possíveis ameaças e capturando possíveis oportunidades antes da concorrência.

Auditoria interna

A auditoria interna tem como finalidade avaliar as forças e fraquezas da organização em relação às concorrentes atuais e potenciais no mercado.
Segundo Porter (1986:22),

> a essência da formulação de uma estratégia competitiva é relacionar uma companhia ao meio ambiente. Embora o meio ambiente relevante seja muito amplo, abrangendo tanto forças sociais como econômicas, o aspecto principal do meio ambiente da organização é a indústria ou as indústrias em que ele compete. Forças externas à indústria são significativas principalmente em sentido relativo; uma vez que as forças externas em geral afetam todas as organizações na indústria, o ponto básico encontra-se nas diferentes habilidades das organizações em lidar com elas.

A partir dessa premissa, Porter formulou um modelo que passou a ser conhecido como "as cinco forças de Porter", pois, segundo esse autor, a concorrência em uma indústria ou setor é determinada por cinco forças competitivas básicas: rivalidade entre as organizações existentes, poder de negociação dos compradores, poder de negociação dos fornecedores, ameaça de novos entrantes no mercado e ameaça de produtos ou serviços substitutos.

A abertura e desregulamentação dos mercados nas últimas duas décadas tem tornado a concorrência cada vez mais complexa, pois não se limita somente aos concorrentes diretos ou produtos substitutos, mas sim à concorrência de qualquer produto ou serviço que venha a disputar os recursos que estão no bolso do consumidor. Ele pode decidir trocar de carro ou investir na sua educação continuada, fazendo um MBA ou um curso de imersão em línguas no exterior. Porter (1986) chama essa concorrência de "rivalidade ampliada".

Muitos pensadores de estratégia têm, com o passar dos anos, contribuído para o desenvolvimento dessa área da administração. Gary Hamel e C. K. Prahalad, este último precocemente falecido em 2010, introduziram os conceitos de arquitetura estratégica e competências centrais; H. Igor Ansoff formulou o conceito de nível de turbulência do ambiente externo a um negócio, a chamada escala de turbulência de Ansoff; Andrew Campbell e Kenichi Ohmae criaram os 3 Cs estratégicos; e Richard Pascale elaborou a teoria do balanceamento da empresa usando os 7 Ss.

A princípio pode parecer estranho denominar "auditoria interna" um processo que analisa a concorrência, fornecedores, compradores e possíveis entrantes no mercado. Contudo, o objetivo dessa auditoria é identificar quais são as forças e fraquezas da sua organização (análise interna) em relação a esses entes "externos". Seria como se você, leitor, se comparasse aos seus concorrentes para conquistar a pessoa desejada: "O que tenho de pontos fortes ou fracos em relação aos meus concorrentes?"

Você sabe quais são os itens que devem ser analisados nas cinco forças de Porter? Veja a seguir.

1. *Rivalidade entre os concorrentes atuais* – Diversos fatores devem ser analisados ao se estudar a rivalidade entre os concorrentes atuais em uma indústria ou setor, tais como:
   - ❑ disponibilidade de capital e investimentos – dependendo do setor ou indústria em que a organização esteja inserida, a disponibilidade de capital ou a capacidade de obter capital através de empréstimos, *initial public offering* (IPO)

ou debêntures pode ser crucial para a sobrevivência ou crescimento da empresa. Nos setores intensivos em capital, essa capacidade é decisiva;

❏ grau tecnológico e inovação – em alguns segmentos de negócios, a capacidade de desenvolver tecnologias e ser inovador é vital. Podemos citar a indústria aeroespacial, farmacêutica, de biotecnologia e tecnologia da informação;

❏ economia de escala – a economia de escala otimiza custos fixos, principalmente em segmentos de negócios que concorrem com empresas de países com grande escala de produção, como China e Índia;

❏ qualidade dos recursos humanos – é vital para qualquer segmento de negócios, mas as indústrias ou setores de entretenimento, saúde e serviços em geral têm na qualidade de seus recursos humanos uma importância significativa;

❏ capacidade de retaliação – capacidade das empresas de retaliar através de políticas de preço, velocidade de lançamento de novos produtos e até retaliação política, como lobby junto às diversas esferas de governo, na tentativa de criar dificuldades para os demais concorrentes;

❏ barreiras emocionais – empresas que têm uma marca muito conhecida e forte no mercado acabam criando laços emocionais com o consumidor, gerando barreiras a organizações de outras regiões sem identificação com o produto ou serviço oferecido;

❏ restrições governamentais – restrições legais ou dificuldades articuladas por lobbies de empresas com grande poder econômico e político podem criar empecilhos, como a obtenção de licenças ambientais, de funcionamento e dificuldades de obtenção de recursos junto às fontes de financiamento públicas;

❏ parcerias estratégicas – a capacidade de uma organização estabelecer parcerias estratégicas, seja com fornecedores estratégicos de matérias-primas, seja com canais de distribuição já estabelecidos, pode fazer a diferença na disputa empresarial.

Como está sua empresa em relação aos demais competidores na indústria? Quais são seus pontos fortes e fracos em relação à concorrência? Você já parou para analisar?

2. *Ameaças de produtos ou serviços substitutos* – Com o avanço da tecnologia, a cada dia se descobrem novos produtos e aplicações para produtos já existentes no mercado, o que torna mais fácil o surgimento de produtos substitutos aos oferecidos pelas organizações estabelecidas. Produtos substitutos são aqueles que podem desempenhar a mesma função, mas não têm, necessariamente, a mesma forma ou conteúdo. Um exemplo clássico, nos dias de hoje, é o do etanol versus gasolina. Dependendo do preço do etanol ou da gasolina no momento do abastecimento, o cliente tomará a decisão de compra do combustível para seu carro flex. São produtos substitutos perfeitos.

3. *Poder de negociação dos compradores* – Com as novas ferramentas de tecnologia da informação, os clientes têm acesso às informações do mercado sobre os fornecedores, preços, condições de fornecimento e até reclamações e elogios de outros compradores. Essas informações estão disponíveis em tempo real.

As relações entre compradores e fornecedores se tornam cada vez mais complexas. O cliente final demanda preços menores e qualidade superior. A concorrência se faz em nível global, com outros fornecedores em ambientes de negócios com menores carga de impostos e custos de mão de obra, como no caso dos países asiáticos, entre eles a China, a Índia e os chamados Tigres Asiáticos, e maior acesso a matérias-primas estratégicas, como no caso do Brasil, com relação ao minério de ferro e às terras raras.

Por outro lado, as redes varejistas se consolidam em grupos empresariais com grande poder de barganha. A aceitação, por parte do consumidor final, das marcas próprias das redes varejistas neutraliza em parte o poder de barganha das empresas fornecedoras de marcas líderes de mercado. Como reação, os grupos industriais com marcas globais estão abrindo suas lojas próprias.

Alguns aspectos devem ser identificados quando se analisa o poder de barganha dos compradores. Um grupo de compradores, ou um comprador, tem grande poder de barganha quando:

- o número de compradores é pequeno ou eles compram grandes volumes em relação ao volume de vendas do fornecedor. Por exemplo, um grande fabricante de extrato de tomate que compra a produção total de agricultores;
- o produto comprado pelo cliente é padronizado no mercado, não havendo diferenciação por parte da concorrência. A troca de fornecedores acarreta baixo custo ao cliente, implicando grande poder de barganha dos compradores;
- os custos dos produtos ou serviços que o cliente adquire da indústria têm um peso importante nos seus custos totais; assim o comprador pressiona toda negociação para obter menores custos;
- clientes de segmentos de negócios com baixas margens de lucros pressionam toda a cadeia de fornecimento para otimização dos seus custos;
- o produto que o cliente adquire não é importante para a qualidade e custos dos produtos e serviços que ele, o cliente, oferece ao mercado;
- clientes que possuem capacidade financeira e tecnológica para fazer a integração para trás, tornando-se, ele próprio,

o fornecedor dos produtos ou serviços em questão. Em alguns casos, o cliente pode adquirir um concorrente do fornecedor, passando a ser concorrente direto.

Você já analisou, leitor, como sua empresa e os seus concorrentes estão no que tange à vulnerabilidade, diante do poder de barganha dos compradores?

4. *Poder de negociação dos fornecedores* – Alguns segmentos de negócios não conseguem repassar para o cliente, na cadeia de fornecimento, aumentos de custos de seus fornecedores com grande poder de barganha. Um grupo fornecedor tem grande poder de barganha quando:

❑ a indústria na qual o fornecedor está inserido é mais concentrada do que a indústria para a qual vende seus produtos ou serviços. Como exemplo, a indústria de transporte aéreo, que, praticamente, tem a oferta dominada por dois grandes fornecedores: a Boeing e a Airbus. A indústria siderúrgica tem como principal matéria-prima o minério de ferro, cuja oferta no mercado está dominada por três grandes empresas globais;

❑ não existem produtos substitutos no mercado;

❑ os produtos da indústria do fornecedor são diferenciados, tornando-se, assim, mais difícil e cara a mudança por parte dos compradores;

❑ os fornecedores têm a capacidade financeira e técnica de fazer integração para frente, passando a ser seu próprio cliente.

E agora, leitor, como está sua empresa no que tange à vulnerabilidade diante do poder de barganha dos fornecedores?

5. *Novos entrantes no mercado* – Se a indústria ou setor objeto da análise é sujeito à entrada de novos concorrentes devido aos baixos custos de entrada e de saída, pode haver uma crescente

rivalidade intraindústria. Algumas condições podem criar barreiras de entrada a novos concorrentes:

❑ diversificação de produtos – se as empresas que já estão na indústria têm um portfólio de produtos e serviços bastante diversificado, é dificultada a entrada de novos concorrentes, que terão de disponibilizar para o mercado um portfólio em condições equivalentes, porém com baixa escala de vendas, já que a empresa entrante é nova no mercado;

❑ acesso aos canais de distribuição – as novas empresas entrantes no mercado terão dificuldades e maior custo para se posicionar nos canais de distribuição, que já estão em parceria com as empresas estabelecidas no mercado. O volume de vendas de novas marcas entrantes no mercado é sempre mais baixo inicialmente do que o das as marcas já existentes e conhecidas, e o custo para torná-las conhecidas será muito alto;

❑ necessidade de capital – a fase de introdução de empresas na indústria (e, consequentemente, suas marcas) requer grande volume de investimentos e capital de giro;

❑ restrições governamentais – novas empresas na indústria podem sofrer restrições governamentais devido à adequação de produtos à legislação, além de outras dificuldades criadas para obter licenças de instalação;

❑ tecnologia patenteada – se os produtos a serem lançados pelos novos entrantes estão patenteados por outra empresa da indústria, haverá a proibição de utilização dessa tecnologia;

❑ economia de escala – novos entrantes na indústria ainda não têm economia de escala, levando a altos custos totais.

Segundo Porter (1986), após avaliar as forças que influenciam a competição no setor e as respectivas causas subjacentes, o estrategista empresarial tem condições de identificar os pontos fortes e fracos da empresa. Em seguida, o estrategista é capaz de desenvolver um plano de ação, que inclui:

❑ o posicionamento da empresa, de modo que suas capacidades proporcionem a melhor defesa contra as forças competitivas;

❑ o equilíbrio das forças, através de manobras estratégicas;

❑ a antecipação de mudanças nos fatores subjacentes às forças e da reação da empresa a essas alterações, na esperança de explorá-las de modo favorável, através da escolha de uma estratégia adequada ao novo equilíbrio competitivo antes de ser reconhecido pelos concorrentes.

Para uma eficiente análise do ambiente de marketing em âmbito macro e micro que permita uma adequada seleção de mercado e o correto posicionamento estratégico da marca ou produto no mercado-alvo, dispomos de ferramentas largamente utilizadas pelas organizações na atualidade e de que trataremos a seguir.

Matriz Swot

As auditorias externa e interna nos permitem obter bastante informação sobre o mercado, concorrentes, poder de barganha dos compradores e dos fornecedores, possíveis novos entrantes, bem como sobre a existência de produtos substitutos e da concorrência ampliada.

Uma forma simples e útil de resumir todas as principais e relevantes informações obtidas nas referidas auditorias é a matriz Swot, pois essa ferramenta agrupa-as sob títulos: forças (*strengths*) e fraquezas (*weakness*) relacionadas às oportunidades (*opportunities*) e ameaças (*threats*), oriundas do macroambiente de marketing.

A matriz Swot deve conter apenas alguns poucos itens. Deve ser concisa, conter somente dados relevantes para análise do segmento de negócio que se está analisando.

Segundo Magalhães e Sampaio (2007:47), os elementos que compõem a matriz Swot são:

(a) *forças:*
- ❑ capacidade financeira;
- ❑ produtos notáveis;
- ❑ competências distintivas;
- ❑ rede de distribuição;
- ❑ capacidade gerencial;
- ❑ parcerias e conexões;
- ❑ talentos humanos;
- ❑ porte adequado para economia de escala;
- ❑ comprometimento da equipe;
- ❑ produção eficiente (*low cost producer*);
- ❑ liderança de mercado reconhecida;
- ❑ pesquisa e tecnologia;
- ❑ reputação no mercado;
- ❑ fórmulas e processos protegidos;
- ❑ implementação de marketing eficiente;
- ❑ patentes

(b) *fraquezas:*
- ❑ desorientação estratégica;
- ❑ produtos de baixo desempenho;
- ❑ falta de experiência;
- ❑ dependência de um mercado;
- ❑ produtos desatualizados;
- ❑ dependência de um produto;

- ❏ imagem de mercado fraca
- ❏ baixo investimento em pesquisa e desenvolvimento (P&D);
- ❏ limitações em distribuição;
- ❏ problemas operacionais internos;
- ❏ linha de produtos estreita;
- ❏ gestão ineficiente de recursos humanos (RH);

(c) *oportunidades:*

- ❏ mercado em expansão econômica;
- ❏ abertura de mercados;
- ❏ crescimento da categoria do produto;
- ❏ desregulamentação de mercados;
- ❏ baixa rivalidade competitiva;
- ❏ dificuldades dos rivais;
- ❏ expansão global;
- ❏ oportunidades de parcerias;
- ❏ novos serviços agregados;
- ❏ novos usos do produto;
- ❏ novos paradigmas;
- ❏ novas tecnologias;
- ❏ outras mudanças nos ambientes social, econômico, tecnológico, legal, entre outros;
- ❏ outras alterações no comportamento dos consumidores;

(d) *ameaças:*

- ❏ surgimento de novos concorrentes;
- ❏ recessão econômica;
- ❏ produtos substitutos;
- ❏ intervenções do governo;
- ❏ ciclo de vida da categoria em declínio;
- ❏ legislação e regulamentações;
- ❏ impactos no meio ambiente;
- ❏ alterações no grau de rivalidade do mercado;
- ❏ alterações no comportamento dos consumidores;

❏ outras mudanças nos ambientes social, econômico, tecnológico, legal, entre outros.

A análise desses pontos leva o gestor a ações possíveis, tais como:

❏ converter fraquezas em forças – caso não, essas fraquezas serão limitadoras da organização;
❏ associar forças às oportunidades, para poder capturá-las antes da concorrência;
❏ converter ameaças em oportunidades, antecipando-as e estabelecendo estratégias para neutralizá-las.

Na figura 9, você, leitor, poderá verificar os quatro quadrantes da matriz Swot.

Figura 9
MATRIZ SWOT

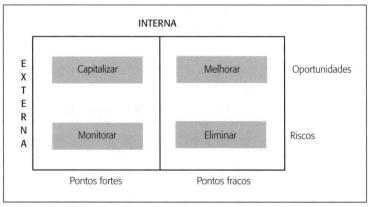

Fonte: Polizei (2010:34).

Matriz de expansão produto/mercado ou matriz de Ansoff

Igor H. Ansoff desenvolveu uma ferramenta de análise muito utilizada pelas organizações e consultorias na área de planejamento de marketing: a matriz das estratégias de crescimento intensivo, também conhecida como matriz de expansão produto ou mercado, que você poderá visualizar no quadro 7.

Quadro 7
MATRIZ DE ANSOFF

	Produto existente	Produto novo
Mercado existente	Penetração no mercado	Desenvolvimento de produto
Mercado novo	Desenvolvimento de mercado	Diversificação

Fonte: Ansoff (1957).

A matriz de Ansoff nos permite escolher entre as quatro estratégias descritas a seguir:

❑ a estratégia de penetração de mercado parte do princípio de que a organização irá adotar estratégias para aumentar sua participação nos mercados em que já atua, com os produtos existentes, conquistando novos clientes da concorrência ou desenvolvendo ações para ter maior participação no "bolso" ou na carteira dos clientes existentes;

❑ a estratégia de desenvolvimento de mercado pressupõe a abertura de novos mercados, sejam regiões, cidade e países, novos mercados (públicos-alvo diferentes) ou novos canais de distribuição, utilizando-se de produtos ou serviços já existentes na organização;

❑ quando a organização opta pelo desenvolvimento de novos produtos ou serviços para atender aos segmentos que ela já atende, estabelece uma estratégia de desenvolvimento de produto. Por exemplo, se a organização opera no segmento de produtos de altíssimo valor agregado, devido a um aumento de renda na sociedade, mais consumidores estariam entrando nesse mercado e dispostos a pagar para ter produtos com maior apelo de *status*. Nesse caso, novas marcas seriam criadas para posicionar esses novos produtos no portfólio de produtos da organização e na mente do consumidor. Nessa estratégia, a organização está procurando, ao desenvolver novos produtos ou serviços, ter uma participação maior "no bolso" do cliente já existente;

❑ ao adotar a estratégia de diversificação, a organização pode investir em novos produtos, adquirir outras organizações, ou fazer joint ventures, de forma a entrar em novos mercados com novos produtos ou serviços. A construtora Norberto Odebrecht, por exemplo, em um momento de sua história, entrou em um novo segmento de negócio, totalmente diferente do seu negócio original: o segmento petroquímico.

Matriz BCG

O Boston Consulting Group desenvolveu uma ferramenta de fácil utilização que classifica os produtos ou serviços do portfólio de uma organização segundo sua utilização e geração de caixa, tendo em vista a participação relativa de mercado e taxa de crescimento.

Na figura 10, você poderá verificar a representação da matriz do Boston Consulting Group (BCG) com seus quadrantes identificados. No eixo horizontal classificam-se os produtos pela sua participação relativa de mercado (razão entre a participação da organização e a participação da sua maior concorrente); no eixo vertical, o crescimento de mercado.

Os ícones nos quatro quadrantes indicam:

❑ *ponto de interrogação* – produto ou serviço que demanda recursos financeiros. Está em um mercado em crescimento e não atingiu uma posição dominante. Não gera, portanto, um fluxo de caixa alto;

❑ *estrela* – produto ou serviço que conquistou uma alta participação de mercado, em um mercado também com crescimento elevado. Geralmente, um produto ou serviço classificado com estrela gera um fluxo de caixa elevado, mas consome recursos para continuar a crescer a taxas superiores às de crescimento do mercado e defender-se das ações dos concorrentes

❑ *vaca leiteira* – produto ou serviço que, se não é líder no seu mercado, está entre os com maior *market share* em mercados com baixo crescimento. Pode ser, portanto, grande gerador de caixa. São esses os produtos que, em geral, financiam os pontos de interrogação e, eventualmente, os abacaxis, que veremos a seguir;

❑ *abacaxi* – produto que tem pequena participação em mercados de baixo crescimento. Eventualmente, os abacaxis são mantidos no portfólio das organizações para atender grandes clientes que compram outros produtos ou serviços que são lucrativos para a organização; em outros casos, são mantidos no portfólio por questões "sentimentais" da alta administração das empresas. Nesses casos, alguns autores chegam a chamá-los de "cão" (animal de estimação), pela relação com os seus donos. A cada semestre ou a cada ano, dependendo da indústria na qual está inserida a empresa, os gestores devem identificar esses produtos e avaliar sua continuidade.

Figura 10
MATRIZ BCG

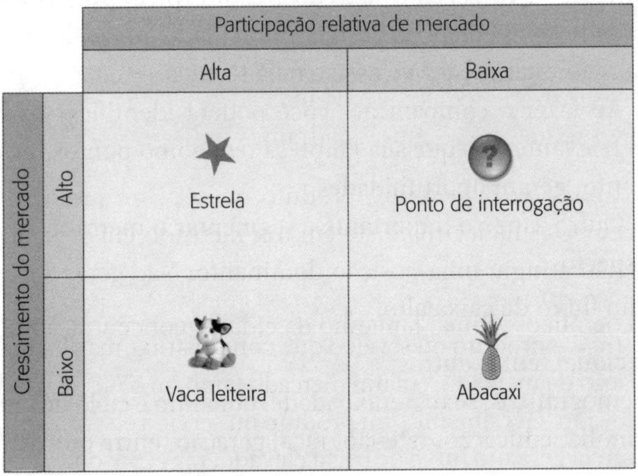

A matriz BCG é uma eficaz ferramenta para identificar e atingir um balanceamento ótimo do portfólio de produtos ou serviços de uma empresa.

Segundo Magalhães e Sampaio (2007:51),

> a importância de um portfólio adequado de produtos/serviços é obvia. As empresas necessitam de produtos que gerem caixa para financiar a introdução de outros. Apenas uma companhia diversificada, com um portfólio equilibrado, pode usar suas forças para capitalizar verdadeiramente suas oportunidades de crescimento.

Seleção do mercado-alvo e posicionamento estratégico da marca

As cinco forças de Porter permitem que analisemos as nossas forças e fraquezas em relação à concorrência.

É interessante que seja feita uma análise (por meio de um quadro a ser idealizado por você, leitor) comparando sua marca ou produto com as dos concorrentes, levando em conta os fatores importantes nos segmentos do negócio e como são vistos pelos clientes. Podem ser considerados: estilo, preço, distribuição, qualidade, conveniência, design, praticidade, prazo de entrega, instalação, manutenção e assistência técnica.

Ao fazer a comparação, você poderá identificar os itens mais relevantes, os que sua empresa tem como pontos fortes e, portanto, geram oportunidades.

Outro aspecto importante é segmentar o mercado a partir de aspectos:

- ❏ geográficos: clima, tamanho da cidade, concentração populacional, entre outros;
- ❏ demográficos: sexo, renda, idade, tamanho e ciclo de vida da família, educação, religião, raça, geração, entre outros;

- psicográficos: estilo de vida, classe social, personalidade;
- comportamentais: grau de lealdade do usuário, taxa de uso, benefícios, ocasião de compra, entre outros.

Lembra-se de que segmentação foi um tema apresentado no capítulo 2? Você, leitor, poderá rever os conceitos antes de prosseguir.

Poderá identificar formas de se diferenciar da concorrência. Aliás, essa é a principal pergunta do plano de marketing: qual será a minha diferenciação em relação à concorrência? Como devo posicionar minha marca ou produto no mercado-alvo?

Metas e objetivos

Cecconello e Ajzental (2008:155) definem claramente a diferença entre metas e objetivos:

> Os objetivos apresentam uma abordagem mais quantitativa das metas da empresa, quer sejam relativas ao faturamento, à participação de mercado, quer aos índices de lucratividade a serem atingidos.

Seriam metas de um plano integrado de marketing:

- desenvolver marcas e produtos para a classe C;
- ser líder de mercado;
- ser vista pelo mercado como uma empresa ecológica e socialmente responsável;
- ser a empresa mais lucrativa nos segmentos das classes A e B.

Já os objetivos de marketing referem-se sempre a crescimento de vendas, de participação de mercado, de lucro ou imagem. Devem, necessariamente, ser mensuráveis e precisos no tempo, tais como:

- alcançar 15% de participação de mercado no segmento "X", no ano K;

- aumentar a lucratividade dos produtos vendidos no mercado "Y" em 10%, no ano W;
- estar entre as três marcas mais lembradas, em pesquisas espontâneas, no mercado A, ao final do ano Z.

Estratégias de marketing

Após a análise do macro e do microambiente de marketing (por meio das auditorias externa e interna) e das matrizes Swot (síntese das análises anteriores), BCG (análise do balanceamento do portfólio da organização), da expansão de produto ou mercado (Ansoff, 1990), e definida a seleção de mercados e o posicionamento estratégico da marca ou produto no mercado-alvo, agora vamos para a parte propositiva do plano de marketing: o desenvolvimento das estratégias de produto, preço, praça e promoção. Para tanto, o gestor pode e deve responder a algumas questões que não esgotam os assuntos, mas o ajudarão no desenvolvimento de uma proposta de sucesso.

- *estratégias de produto* – com relação a produtos ou serviços, quais serão as estratégias no que tange a variedade dos itens de produto, qualidade, design, estilo, características, marca, embalagem, apresentação, serviços acoplados ao produto, garantia e devoluções?
- estratégias de preços – com relação a preços, quais serão as estratégias no que tange a descontos, condições de pagamento, política de crédito, prazos de pagamento, diferenciação em função de regiões do Brasil, canais de distribuição e tipos de clientes?
- estratégias de praça ou distribuição – com relação à praça ou distribuição, quais serão as estratégias no que tange a tipos de canais de distribuição, novas formas de distribuição (internet, redes sociais), cobertura, sortimento, custos

logísticos, política de estoques e de consignação e custos de distribuição?

❑ estratégias de promoção – quais serão as estratégias no que tange a mix de comunicação a ser utilizado, tipos de mídias, credibilidade das mídias, eficácia das ferramentas de comunicação e das mídias, custos da comunicação, propaganda, amostras, brindes, cupons, promoções de preço, pacotes promocionais, recompensas por preferência, promoções no ponto de venda, relações públicas, merchandising, internet, venda pessoal, sorteios, concursos, jogos promocionais e ações de marketing direto?

Plano de ação

Agora, vamos transformar as estratégias de marketing em programas de ação. Como realmente "fazer acontecerem" as estratégias desenvolvidas?

A melhor maneira de apresentá-las é de forma gráfica, através de um cronograma físico-financeiro, permitindo assim que os gestores tenham uma visão ampla de todas as ações, prazos e valores envolvidos. Perguntas do tipo "O que será feito?", "Quando?", "Quem é o setor ou gestor responsável?" e "Qual é o custo?" ajudam a formatar o plano de ações táticas, que deve ser bem-detalhado para que deixe claras as responsabilidades de cada um dos envolvidos na sua implementação. Vale a pena detalhar, por mês de vigência, as ações, os responsáveis e os valores envolvidos.

Viabilidade financeira

O plano de marketing não pode se prender somente aos objetivos e estratégias, ficando no campo das decisões probabilísticas. A alta direção da empresa, os acionistas e possíveis avaliadores do plano irão questionar, principalmente, sua viabilidade financeira.

Quem está confeccionando o plano de marketing deve incluir variáveis quantificáveis, como os investimentos e a taxa de retorno de investimento, entre outras.

Como qualquer outro projeto, o plano deve apresentar as métricas que serão usadas no acompanhamento da sua implantação e implementação, visando demonstrar a viabilidade financeira da proposta e das estratégias para sua consecução.

A parte do plano de marketing referente à viabilidade financeira deve conter, no mínimo, as seguintes métricas:

- ❑ demonstração de resultados econômicos (DRE), mostrando claramente todas as receitas, despesas e custos, resultado operacional e líquido, e *overhead*;
- ❑ a taxa de retorno do investimento (ROI), que deverá demonstrar se o projeto dará um retorno superior ou não a uma taxa definida pela alta direção da empresa ou pelos acionistas. Normalmente se espera um retorno superior às taxas praticadas nas aplicações no mercado financeiro.

O plano de marketing ficará tanto mais consistente, quanto mais você adicionar métricas para tomada de decisão e acompanhamento.

Controles

O plano de marketing deve ser construído e ter o comprometimento não somente de toda a área de marketing, mas também das demais áreas da organização que tenham interface e que possam ajudar ou dificultar sua implementação.

Um plano de marketing que seja "adotado" por todos tem maior probabilidade de sucesso. Contudo, o plano pode sofrer sabotagens, ter contingências e nem tudo o que foi planejado ser realizado. Faz-se necessário, então, definir mecanismos de controle para avaliar o andamento de cada passo da implementação.

Segundo Kotler e Keller (2006), a gestão da empresa pode utilizar-se de quatro tipos básicos de controle de marketing:

❏ controle anual de plano, examinando se os resultados planejados estão sendo atingidos. Dada a volatilidade do mercado, as organizações estão fazendo esse controle em espaços de tempo bem menores;
❏ controle da rentabilidade, verificando onde a empresa está ganhando e perdendo dinheiro;
❏ controle de eficiência, avaliando e melhorando a eficiência de gastos e o impacto dos gastos de marketing;
❏ controle estratégico, verificando se a empresa está buscando suas melhores oportunidades com respeito a mercados, produtos e canais.

Deve-se estar atento ao fato de que o macro e o microambiente de marketing podem sofrer mudanças não previstas que causem impacto nos objetivos e estratégias estabelecidos no plano de negócios. A organização deve estabelecer um plano de contingência para atender a mudanças que podem levar ao insucesso do plano, como: cataclismos, mudanças repentinas de governo, morte de dirigentes da empresa que tinham papel decisivo na implementação das estratégias, greves, distúrbios e crises em outros países que possam afetar seu negócio. Para implementação das ações de forma eficaz, faz-se necessário um sistema de monitoração e controle que detecte quaisquer distorções na implementação e permita a recomendação de ações corretivas.

Neste capítulo apresentamos o roteiro de um plano simplificado de marketing, bem como as principais ferramentas que devem ser usadas para análise, antes que se comece a parte propositiva de desenvolvimento ou ajuste do composto de marketing, ou marketing mix. O desenvolvimento de um plano de marketing é instigante e complexo, mas sua elaboração é prazerosa, pois analisa e propõe ações que têm impacto direto nos resultados da instituição. O mercado está fora da empresa. Aqueles que conseguirem interpretar corretamente seus sinais poderão desenvolver planos que lhes permitam maximizar as oportunidades e neutralizar os riscos mercadológicos.

Tendo chegado até aqui, leitor, você poderá refletir sobre o desenvolvimento e a implementação de estratégias e táticas de marketing que levem sua empresa ou sua área de responsabilidade a uma situação confortável, do ponto de vista de marketing. Agora é hora de colocar em prática tudo o que leu, suas reflexões e as ideias que desenvolveu ao longo da leitura do nosso livro. É hora de partir para a ação. Mãos à obra e sucesso!

Conclusão

Todos nós, ao iniciarmos um novo projeto, seja ele público, de iniciativa privada, de benemerência ou de qualquer outra natureza, trabalhamos com o propósito de perpetuá-lo. Mas o sucesso só é obtido a partir das escolhas feitas pelo cliente, pelo consumidor ou pelo usuário. Portanto, não é apenas uma boa ideia, uma nova tecnologia ou uma boa localização que determinam o futuro de um empreendimento, e sim fazermos uma oferta que desperte o interesse do público-alvo, levando-o a optar pela nossa proposta, em detrimento de tantas outras disponíveis no mercado.

Num mundo em acelerado ritmo de evolução, é fundamental estar atento ao que o mercado procura, em cada momento. Tão importante quanto adequar constantemente a oferta às demandas é antecipar-se ao que o mercado irá buscar e preparar-se para atendê-lo no momento certo, com o produto ou serviço esperado.

Os conceitos de marketing devem perpassar a área específica e contaminar positivamente toda a organização. Todos os funcionários, independente da área de formação ou atuação, devem entender que o cliente, consumidor ou usuário é a razão de ser do empreendimento. Portanto, atendê-lo adequadamente deve ser a principal meta diária de todos.

Este livro teve por objetivo oferecer ao leitor a possibilidade de refletir sobre o marketing, suas ferramentas e sua aplicabilidade. Os assuntos foram abordados de forma que você, leitor, possa construir ou consolidar seu conhecimento na área, ter uma visão crítica das principais dificuldades enfrentadas por organizações voltadas para o mercado e entender que todas as áreas da organização devem contribuir no esforço comum rumo ao sucesso.

Esperamos que, ao finalizar a leitura, você esteja preparado para analisar situações do seu cotidiano profissional pela perspectiva de conceitos comprovadamente eficazes e de exemplos adequados à realidade brasileira. Agora, é hora de colocar em prática o que você acabou de ler, reciclar ou rememorar. Desejamos que você tenha uma trajetória crescente de êxitos.

Referências

AJZENTAL, Alberto. *História do pensamento de marketing*. São Paulo: Saraiva, 2010.

AMBRÓSIO, Vicente. *Plano de marketing passo a passo*. Rio de Janeiro: Reichmann & Affonso, 2007.

AMERICAN MARKETING ASSOCIATION (AMA). *Site oficial*. Disponível em <www. marketingpower.com/About/AboutAMA/Pages/DefinitionofMarketing.aspx>. Acesso em: 9 dez. 2011.

ANSOFF, Igor. Strategy for diversification. *Harvard Business Review*, set./out. 1957.

_____. *A nova estratégia empresarial*. São Paulo: Atlas, 1990.

ARMSTRONG, G.; KOTLER, P. *Princípios de marketing*. São Paulo: Pearson Prentice Hall, 2007.

BASTA, Darci et al. *Fundamentos de marketing*. 7. ed. Rio de Janeiro: FGV, 2010.

BRAZILIAN MANAGEMENT INSTITUTE. *Andragogy applied to leadership development*. São Paulo: BMI, jun. 2011. BMI Insights, Learning and Result Workshop Series.

CAPRA, Fritjof. *As conexões ocultas*. São Paulo: Cultrix, 2002.

_____. Vivendo redes. In: DUARTE, Fábio; QUANDT, Carlos; SOUZA, Queila. *O tempo das redes*. São Paulo: Perspectiva, 2008. p. 21-23.

CECCONELLO, Antonio Renato; AJZENTAL, Alberto. *A construção do plano de negócio*. São Paulo: Saraiva, 2008.

CHEVERTON, Peter. *Fique por dentro das marcas*. São Paulo: Clio, 2007.

CHURCHILL JR., Gilbert A.; PETER, J. Paul. *Marketing*: criando valor para os clientes. São Paulo: Saraiva, 2005.

_____; _____. *Marketing*: criando valor para os clientes. 2. ed. São Paulo: Saraiva, 2010.

COBRA, Marcos. Um resumo do percurso do marketing brasileiro. *Revista FAE Business*, v. 4, n. 28, jan./jun. 2002.

COSTA, Nelson Pereira da. *Marketing para empreendedores*: um guia para montar e manter um negócio, um estudo da administração mercadológica. Rio de Janeiro: Qualitymark, 2003.

CRAVENS, David W.; PIERCY, Nigel F. *Marketing estratégico*. São Paulo: McGraw-Hill, 2007.

DAFT, L. Richard. *Administração*. 6. ed. São Paulo: Pioneira Thomson Learning, 2005.

DUARTE, Fábio; QUANDT, Carlos; SOUZA, Queila. *O tempo das redes*. São Paulo: Perspectiva, 2008.

FARRIS, Paul W. et al. *Métricas de marketing*. Porto Alegre: Bookman, 2007.

GERZEMA, John; LEBAR, Ed; STRINGHAM, Peter. *A bolha das marcas*. Rio de Janeiro: Campus, 2009.

GRONROOS, Christian. *Marketing, gerenciamento e serviços*. 3. ed. Rio de Janeiro: Campus, 2009.

HOOLEY, G; PIERCY, N. F.; NICOULAUD, B. *Estratégia de marketing e posicionamento competitivo*. 4. ed. São Paulo: Pearson, 2011.

KERIN, Roger A.; PETERSON, Robert. *Problemas de marketing estratégico*. 11. ed. Porto Alegre: Bookman, 2007.

_____ et al. *Marketing*. 8. ed. São Paulo: McGraw-Hill, 2007.

KOTLER, Philip. *Administração de marketing*: edição do novo milênio. São Paulo: Prentice Hall, 2000.

_____; KELLER, Kevin Lane. *Administração de marketing*. 12. ed. São Paulo: Pearson Prentice Hall, 2006.

_____; RACKHAM, Neil; KRISHNASWAMY, Suj. Fim da guerra entre marketing e vendas. *Harvard Business Review*, jul. 2006. Edição especial: Vendas.

LAMBIN, Jean Jacques. *Marketing estratégico*. 4. ed. Lisboa: McGraw-Hill, 2000.

LAS CASAS, Alexandre Luzzi. *Plano de marketing para micro e pequena empresa*. São Paulo: Atlas, 2005.

LAUDON, Kenneth; LAUDON, Jane Price. *Management information systems*. 4. ed. Upper Saddle River: Prentice Hall, 1997.

LEMIEUX, Vincent; MATHIEU Ouime. *Análise estrutural das redes sociais*. São Paulo: Instituto Piaget, 2008.

LIMA, Miguel et al. *Gestão de marketing*. 8. ed. Rio de Janeiro: FGV, 2007.

MADUREIRA, Daniela. Indústria investe na venda direta às pequenas lojas. *Valor Econômico*, p. 17, 23 jul. 2007.

MAGALHÃES, Marcos Felipe. *Explicando marketing simplesmente*. Rio de Janeiro: Qualitymark, 2006.

_____; SAMPAIO, Rafael. *Planejamento de marketing*. São Paulo: Pearson Prentice Hall, 2007.

MARCIAL, Elaine Coutinho. *Cenários prospectivos*: como construir um futuro melhor. Rio de Janeiro: FGV, 2002.

MATTAR, Fauze Nagib et al. *Gestão de produtos, serviços, marcas e mercados*: estratégias e ações para alcançar e manter-se top of market. São Paulo: Atlas, 2009.

McCARTHY, E. Jerome; PERREAULT JR., Willian D. *Marketing essencial*. São Paulo: Atlas, 1997.

McDONALD, Malcolm. *Planos de marketing*: planejamento e gestão estratégica – como criar e implementar. Rio de Janeiro: Elsevier, 2004.

OLIVEIRA, Djalma de P. Rebouças. *Estratégia empresarial*: uma abordagem empreendedora. São Paulo: Atlas, 2010.

PEREIRA, Gustavo. Os três estágios das mídias sociais. In: CONGRESSO NACIONAL DAS RELAÇÕES EMPRESA-CLIENTE (CONAREC), 9. 2011. São Paulo. *Anais...* São Paulo: Conarec, 2011. n.p. Disponível em: <www.conarec.com.br/conarec-news/os-tr-s-estagios-das-midias-sociais.htm>. Acesso em: 17 jul. 2011.

POLIZEI, Eder. *Plano de marketing*. São Paulo: Cengage Learnig, 2010.

PORTER, Michael E. *Estrátegia competitiva*: técnicas para análise de indústrias e da concorrência. Rio de Janeiro: Campus,1986.

RIES, Al; TROUT, Jack. *Posicionamento, a batalha pela sua mente*. São Paulo: Pioneira, 1993.

ROESCH, Sylvia Maria Azevedo. *Projetos de estágio e de pesquisa em administração*. 3. ed. São Paulo: Atlas, 2005.

SALIM, Cesar Simões et al. *Construindo planos de negócios*: todos os passos necessários para planejar e desenvolver negócios com sucesso. 3. ed. Rio de Janeiro: Campus, 2001.

SANDHUSEN, Ricard L. *Marketing*. 3. ed. São Paulo: Saraiva, 2010.

SANTOS, Rubens da Costa. *Manual de gestão empresarial*: conceitos e aplicações na empresa brasileira. São Paulo: Atlas, 2007.

SHETH, Jaqdish N. et al. *Marketing theory*: evolution and evaluation. Nova York: John Wiley & Sons, 1988.

TROUT, Jack. *Marketing*: em busca do óbvio. São Paulo: Makron Books do Brasil, 2010.

URDAN, André; URDAN, Flavio. *Gestão do composto de marketing*. São Paulo: Atlas, 2006.

WRIGHT, Peter; KROLL, Mark J.; PARNELL, John. *Administração estratégica*: conceitos. São Paulo: Atlas, 2000.

Os autores

Ricardo Franco Teixeira

Mestre em Sistemas de Gestão pela Universidade Federal Fluminense (UFF), especialista em Management pela Fundação Getulio Vargas (EPGE/FGV), graduado em Engenharia Civil pela Universidade Federal da Bahia (UFBA) e em Administração de Empresas pela Universidade Salvador (Unifacs). É professor convidado do FGV Management e palestrante, abordando temas ligados a planejamento estratégico e marketing para plateias corporativas.

Fernando Roberto Santini

Ph.D em *Philosophy in Business Administration* pela Florida Christian University (UAS), mestre em Administração pela PUC-São Paulo, especialista e graduado em Administração de Empresas pela Faculdade Santana. Possui 23 anos de carreira desenvolvida na área acadêmica como professor universitário de graduação e pós-graduação em instituições públicas e privadas, incluindo FGV e USP. Conta com 37 anos de experiência em administração e marketing, atuando em empresas privadas e públicas, em diferentes segmentos. É consultor nas áreas de gestão, marketing e sucessão em empresas familiares e professor convidado do FGV Management.

Luiz Henrique Moreira Gullaci

Mestre em Administração pela PUC-São Paulo e bacharel em Administração pela Universidade Anhembi Morumbi. Atualmente é sócio diretor da Conatus Praino Gestione & Educare, e trabalhou funções técnicas e gerenciais no mercado financeiro nas áreas de varejo e risco de crédito. É professor convidado do FGV Management e integrante do Grupo de Excelência em Administração Esportiva do Conselho Regional de Administração de São Paulo.

Miguel Lima

Doutor em Comunicação pela Universidade Federal do Rio de Janeiro (UFRJ), mestre em Administração pela Universidade Federal Fluminense (UFF), pós-graduado em Relações Internacionais pela Universidade do Estado do Rio de Janeiro (Uerj) e bacharel em Economia pela UFF. Foi gerente de Comércio Exterior da Petrobras Internacional S/A-Braspetro e da Irwin Industrial, e gerente comercial da Montana/Sika Produtos Químicos. É professor do Departamento de Administração da UFF, professor convidado do FGV Management, coordenador de cursos, autor de livros de marketing e negócios internacionais e consultor.

Este livro foi impresso nas oficinas gráficas da Editora Vozes Ltda.,
Rua Frei Luís, 100 – Petrópolis, RJ.